Le maître des Deux Terres

Tome 3

À Christine,
cette trilogie égyptienne.

TOME 1 : L'ŒIL D'HORUS
TOME 2 : L'ASSASSIN DU NIL

ALAIN SURGET

LE MAÎTRE DES DEUX TERRES

TOME 3

CASTOR PLUS

Le premier pharaon, p. 173

Castor Poche Flammarion

Nekhen, en Haute-Égypte,
3000 ans avant notre ère.

Depuis qu'il a accompli trois exploits mémorables avec sa jeune amie Thouyi, Menî a été reconnu digne de succéder à son père sur le trône d'Égypte. Mais le jour de la cérémonie, un ambassadeur est assassiné dans le palais. Pour éviter la guerre avec le royaume de Basse-Égypte, Menî doit se rendre jusqu'à la capitale, par le Nil. Hélas, sa mission de paix échoue, et lorsqu'il revient au palais, il trouve son père au seuil de la mort. Le roi Antaref trépasse la nuit même, et Thouyi est accusée d'empoisonnement…*

* Voir les deux tomes précédents, également en Castor Poche : *L'œil d'Horus* (n° 681) et *L'assassin du Nil* (n° 710).

Prologue. La parole d'Anubis

Nekhen pleurait son roi. Le visage couvert de boue, les hommes et les femmes étaient accroupis dans les ruelles et s'aspergeaient de poussière. Les pleureuses erraient par toute la ville en se frappant la poitrine, se lamentaient, poussaient des cris stridents, comme prises de folie. Tous portaient des vêtements sombres et, depuis deux jours – depuis l'annonce de la mort d'Antaref –, les hommes s'abstenaient de se raser.

L'embaumeur s'approcha du corps d'Antaref. Le roi était étendu nu sur un lit funéraire, sorte de grande planche très large qui reposait sur deux corps de félin à l'effigie de la déesse chatte Bastet. Il marqua le tracé de l'incision sur le côté gauche du cadavre, et se recula. Son aide découpa la chair avec une pierre d'Éthiopie puis il s'enfuit, poursuivi par deux serviteurs du palais qui agitaient des bâtons et lui jetaient des invectives. Ainsi l'exigeait la coutume. Il était interdit d'infliger des blessures au corps humain ; l'assistant avait pris sur lui toute la réprobation attachée à cet acte haïssable mais cependant indispensable.

L'embaumeur introduisit alors sa main dans l'abdomen et retira les intestins, le foie, les poumons, l'estomac. Il enleva le cœur en dernier, le remplaça par un scarabée sacré en obsidienne. L'homme lava les viscères dans du vin de palme mêlé à des aromates broyés, puis il les plaça dans quatre vases – les canopes – au couvercle en forme de tête humaine. Après quoi l'embaumeur purifia l'intérieur du corps avec du vin de palme additionné de myrrhe et de cannelle. Il referma l'incision avec de la résine, recousit méticuleusement la plaie. Il injecta un dissolvant végétal par les narines, laissa le produit agir sur le cerveau. Au moyen d'un crochet en bronze, l'embaumeur entreprit ensuite de le retirer par les narines qu'il prit soin, après l'opération, de reboucher avec des grains de poivre et de la résine. L'homme enduisit enfin le corps d'huile de cèdre et de diverses essences aromatiques, et il alla l'immerger dans une cuve contenant du natron sec*. La dépouille du roi y macérerait soixante-dix jours, le temps de dessécher complètement.

— Ainsi, dit Anubis du fond des nécropoles, Antaref entame son long voyage vers le royaume des morts où l'attend le tribunal d'Osiris.

* Carbonate de sodium naturel.

1. Les jours morts

Ménès était appuyé à la rambarde d'une des terrasses du palais. Debout à côté de lui, le grand conseiller Oubiou respectait son silence. À quatorze ans, le fils d'Antaref héritait d'une charge terrible : Chechoup, le roi de Bouto, en Basse-Égypte, venait de lui déclarer la guerre, or Ménès ne serait couronné roi qu'au terme des soixante-dix jours que nécessitait l'embaumement de son père. Durant tout ce temps, la Haute-Égypte étant en deuil, il ne pouvait prendre aucune décision importante.

— Condamné à l'inertie pendant soixante-dix jours ! tonna Ménès en écrasant son poing sur la rambarde de marbre. N'y a-t-il pas moyen d'écourter la période de deuil ?

— Le deuil correspond à la durée de l'embaumement. Si ce temps n'est pas respecté, le corps de ton père ne se conservera pas et son ka* disparaîtra à jamais.

— C'est nous qui allons disparaître si nous ne réagissons pas rapidement, assura Ménès. Plus j'y pense, plus je suis persuadé qu'après l'attaque à Dendérah qui a empêché ma mission de paix d'aboutir en Basse-Égypte, l'avaleur d'ombres** est allé avertir Chechoup que son ambassadeur avait été assassiné ici, le poussant ainsi à la guerre. Ce n'est donc pas lui qui a empoisonné mon père, mais bien celui ou celle qui le commande.

Oubiou poussa un profond soupir.

— Je te l'ai répété cent fois, ô mon prince, personne n'est entré dans la chambre du roi après ton amie Thouyi. C'est elle qui s'est trompée dans la composition de la potion censée guérir Antaref, à moins qu'elle n'ait récité ses formules magiques à l'envers.

Ménès s'emporta.

* Le double spirituel du défunt, sorte d'énergie vitale, de force qui entretient la vie, et qui ne peut survivre sans son support, c'est-à-dire le cadavre devenu impérissable par la momification.

** Nom donné aux assassins : voir *L'assassin du Nil*.

— Thouyi sait ce qu'elle fait !

Il fixa son conseiller droit dans les yeux, reprit :

— Quelqu'un est forcément entré après elle, soit par la porte, soit par la fenêtre.

— Les deux issues étaient surveillées, rappela Oubiou. Les hommes affirment que personne…

Ménès grogna pour l'interrompre. Lui aussi connaissait les sentinelles du palais, mais il ne leur accordait qu'une confiance limitée. Ah, comme il regrettait Chéfi, le chef des gardes tué lors de l'attaque à Dendérah ! Avec lui au moins l'assassin ne serait jamais passé. Les deux mains posées à plat sur la balustrade, Ménès regarda la ville qui avait pris la couleur de la cendre. La crue du Nil s'étalait jusqu'aux premières maisons, la vallée était entièrement noyée sous des eaux vertes, insalubres, dans lesquelles les rayons de Râ refusaient de se refléter.

— On dirait un grand tapis de mort, murmura le prince. Tout paraît figé dans le jade.

— C'est pourtant du fleuve que naît la vie, rectifia Oubiou. Sans le limon…

Ménès eut un geste agacé.

— Avec ce vent qui souffle du nord, il ne faudra pas plus de quinze jours à Chechoup pour arriver devant Nekhen, s'il décide de remonter le Nil.

— Il lui faudra beaucoup plus de temps que cela, ô mon prince. Mes espions m'ont affirmé qu'il n'avait pas assez de navires pour toutes ses troupes, et une armée se déplace très lentement à pied. De plus nous avons des villes alliées dans le Nord et le long de la vallée du Nil. Chechoup se heurtera à Iounou, Smen-Hor, Het-Nesout, Tehni, Kmounou, Saouti*. Il lui faudra aussi compter avec les garnisons cantonnées à Akhmim et à This avant même d'arriver à Dendérah… s'il y parvient !

— La mort de mon père est sur toutes les lèvres, avertit Ménès en rentrant dans le palais. Quand les gouverneurs l'apprendront, ne risquent-ils pas de nous abandonner au profit du roi de Bouto ?

Le silence d'Oubiou fut éloquent.

— Il est difficile d'arrêter une rumeur, admit-il enfin.

— Et plus difficile encore d'espérer la fidélité d'hommes dont je ne peux pas assurer la sécu-

* Toutes ces villes seront appelées plus tard, respectivement : Héliopolis, Licht, Cynopolis, Tenéh el-Djebel, Hermopolis, Assiout.

rité, termina le prince. Les villes vont se retourner contre moi les unes après les autres. Crois-moi, mon cher Oubiou, les armées du Nord cerneront les murailles de Nekhen bien avant que le corps de mon père soit sorti du natron. Je dois préparer mes troupes, réunir mes officiers…

Cette fois ce fut Oubiou qui le coupa.

— Tes troupes ? Tes officiers ? Mais tu n'as pas encore été couronné roi, ô mon prince. C'est ta mère, la reine Nef'eter, qui assure la régence de Haute-Égypte.

— Elle n'ignore pas la menace. Elle m'écoutera !

Oubiou haussa les épaules. Il suivit Ménès chez la reine. Nef'eter était en grande discussion avec un architecte. Elle pria néanmoins son fils et le grand conseiller d'entrer.

— Antaref sera enterré dans la nécropole d'Abdjou, la ville sainte* d'Osiris, déclara-t-elle. Je règle les derniers points de la construction de son tombeau.

— Il serait plus urgent de diriger un corps

* Seth a tué son frère Osiris, découpant son corps en quatorze morceaux qu'il dispersa à travers toute l'Égypte. La tête fut cachée à Abdjou (Abydos) qui devint la ville sainte du pays.

d'armée à This afin de renforcer ses défenses, fit observer Ménès.

Nef'eter ignora la remarque. Penchée sur le papyrus, elle étudiait le plan de l'édifice : le puits d'accès, la chambre funéraire, la chapelle et le serdab* .

— Je le bâtirai en briques crues ornées de redans**, expliquait l'architecte.

La suite échappa à Ménès. L'évocation de This le ramena à l'époque de Sinsaéré***, la favorite de son père. Après que Ménès et Thouyi eurent remporté les trois épreuves imposées par le roi Antaref à son fils, Sinsaéré avait bu par mégarde le philtre de l'oubli préparé par Thouyi pour le prince. En effet, celui-ci ne devait pas conserver en l'esprit le secret de l'immortalité révélé par Horus. La belle avait alors perdu la mémoire, et le roi l'avait exilée chez les fileuses de perles, à This. Sinsaéré était la sœur de Dame Nemorit : l'épouse du général Afar et la mère d'Ahousi. Le général Afar... Thouyi et Ménès avaient bien cru que c'était lui qui dirigeait l'avaleur d'ombres, cet assas-

* Pièce fermée entaillée de fentes, qui contient la statue du défunt.

** Suite de découpures en forme de dents.

*** Voir *L'œil d'Horus*.

sin qui avait tué l'ambassadeur du roi de Bouto et préparé l'embuscade à Dendérah afin de détourner l'or qu'Antaref envoyait à Chechoup pour calmer ses ardeurs belliqueuses. Ménès avait fait partie de l'expédition, et il avait failli ne pas revenir vivant à Nekhen. Mais après la découverte du corps d'Afar, le cœur percé par la flèche rouge de l'assassin du Nil, force avait été d'admettre que le général n'avait nullement partie liée avec l'avaleur d'ombres. La vengeance venait-elle de Sinsaéré ? Avait-elle recouvré la raison depuis ces semaines passées chez les fileuses de This ? Nemorit était-elle sa complice, comme l'avait supposé Thouyi ? Ou bien l'avaleur d'ombres était-il au service du roi de Bouto ? Quoi qu'il en fût, celui ou celle qui avait empoisonné le roi Antaref rôdait toujours au palais. Nef'eter et Ménès n'étaient donc pas à l'abri de ses coups.

« Le poison est venin de femme », murmura le prince, se souvenant des dernières paroles de Thouyi avant que les gardes n'emmènent son amie pour l'enfermer dans un petit bâtiment au fond du jardin.

L'architecte partit enfin, ses rouleaux sous le bras. Ménès soupira d'impatience en le regardant s'éloigner.

— La précipitation est mauvaise conseillère, commença la reine, refrénant l'élan de son fils.

— Chechoup s'apprête à quitter le Delta avec son armée pendant que la nôtre somnole à Nekhen. En tant qu'héritier du trône, mon devoir est de veiller à la défense de la Haute-Égypte.

— Ton devoir est de respecter la règle de Maât qui symbolise l'ordre et l'équilibre du monde auxquels chacun doit se conformer, qu'il soit fellah ou roi.

La voix de Nef'eter, habituellement caressante et bien timbrée, avait pris une sonorité particulière, une résonance de poitrine qui n'admettait pas de réplique.

— Le temps du deuil est de soixante-dix jours, poursuivit la reine, et nul ne peut enfreindre cette loi sans s'attirer la malédiction des dieux. Nos cités alliées arrêteront Chechoup. Des messagers courent vers elles, les incitant à se tenir sur leurs gardes.

— Mais...

— N'avons-nous pas été suffisamment frappés par le malheur ? N'ajoutons pas la colère des dieux à la folie des hommes.

— C'est ce que je m'efforce de lui répéter, intervint Oubiou, mais le prince n'écoute pas.

Ménès se campa devant sa mère, soutint son regard.

« Mon fils est devenu un homme, se dit la reine, et je le dois à Thouyi. Sans elle, le désert ne m'aurait jamais rendu mon Menî. Puisse Horus lui venir en aide lors de son jugement. »

Ménès perçut le voile dans les yeux de sa mère, il sentit une faiblesse dans l'imperceptible soupir qu'elle exhala. Il s'enquit d'un ton rogue :

— Puis-je au moins faire intensifier l'entraînement de nos soldats ? Multiplier les manœuvres ? Contrôler l'état des armes ? Vérifier que les greniers à céréales sont remplis à ras bord ?

— Les scribes se chargeront de ce dernier point, répondit-elle. Pour le reste, adresse-toi aux officiers.

Elle les congédia tous deux d'un geste. Ménès faillit renverser une jeune servante qui apportait une cruche d'eau fraîche aux hommes montant la garde devant les appartements de la reine. Il tiqua.

— On désaltère toutes les sentinelles de la même manière ? demanda-t-il à Oubiou.

— Ta longue absence t'a-t-elle fait oublier les usages du palais ?

— Non, bien sûr.

Ménès observa les gardes qui buvaient à longs traits.

— L'homme posté devant la porte de la chambre du roi avait-il eu droit au même traitement ?

— Je n'allais pas le faire relever chaque fois qu'il avait soif, se récria le chef de la Maison Royale. Pour les repas, c'est différent.

Le prince posa sa main sur l'épaule d'Oubiou, rayonnant.

— Je crois savoir comment l'avaleur d'ombres est entré dans la chambre, déclara-t-il.

Oubiou pila net, stupéfait. Il venait de comprendre, lui aussi.

— Tu veux dire que l'eau… ?

— Quelqu'un y a versé un somnifère, soutint Ménès.

— Une servante ?

— C'est possible. Mais cela a pu aussi se faire à son insu dans les cuisines.

Oubiou gonfla ses joues, fit une moue.

— Ce n'est qu'une hypothèse. Mais si tu es dans le vrai, l'assassin ferait donc partie du personnel. Je connais tout le monde, je ne vois pas qui…

Ménès ne lui laissa pas le temps de réfléchir.

Forçant l'allure, il se dirigea vers les cuisines, Oubiou sur les talons.

— Je n'ai pas besoin de toi, lui lança-t-il sans se retourner. Tu as entendu la reine : occupe-toi de donner des ordres à tes scribes ! Moi, je vole au secours de Thouyi !

L'irruption du prince figea les cuisiniers devant leurs fourneaux. L'activité y était réduite, la période de deuil interdisant de faire rôtir de belles oies farcies et des quartiers de bœufs bien rouges. Les marmitons étaient en train d'écailler des poissons, d'autres préparaient une énorme quantité de purée de lentilles et de potirons. Des cœurs de papyrus cuisaient sous la braise. Des oignons, des dattes et des figues sèches pendaient par grappes aux perches qui supportaient un toit de palmes. Le cuisinier courba l'échine.

— Nous suivons le deuil, expliqua-t-il pour s'excuser de la pauvreté des mets et de l'absence des odeurs qui, d'habitude, affolaient le palais. Le maître des menus n'est pas là, mais il ne devrait pas tarder : il est allé voir le médecin royal pour une affaire personnelle.

Ménès avisa le puits au milieu de la cour.

— Qui porte à boire aux gardes ? commença-t-il.

Le cuisinier bégaya, craignant que les servantes n'aient commis quelque bévue.

— Ha… Halfa, Semmuthis, Nememet, et une Nubienne du nom de Manoû. Ont-elles failli à leur tâche ?

— Laquelle est allée servir l'homme qui gardait la chambre du roi, le soir de sa mort ?

— C'est Manoû, affirma une jeune fille qui revenait, sa cruche vide. Je m'en souviens parce qu'elle était très pressée de partir.

— Elle travaille également chez la dame Nemorit, précisa le cuisinier. Ce jour-là, on venait d'annoncer à l'épouse du général que son mari était mort. Des amis seront passés la consoler, et je suppose que Manoû aura aidé à la confection des repas.

Ménès chercha la servante nubienne des yeux.

— Elle n'est pas ici, reprit la jeune fille qui s'était mise à tirer l'eau du puits. Elle reste toujours trois jours chez la dame Nemorit avant de reprendre son service au palais. Nous la reverrons demain.

Ménès pesta de dépit.

— Vous étiez tous présents le soir où mon

père est mort ? Personne d'autre n'est entré dans les cuisines ?

Ils réfléchirent un instant, secouèrent la tête, marmonnant des « non, non ». Le prince les dévisagea un à un : certaines figures lui étaient familières, d'autres moins. Il se promit, une fois devenu roi, de connaître l'ensemble de son personnel, du porteur de sandales au jardinier, et de se tenir au courant du moindre papotage de cuisine. Il avait l'impression d'une vie différente sous ses pieds, d'une réalité qui atteignait rarement l'étage des conseillers. La jeune servante termina de remplir sa cruche, repartit comme une autre arrivait.

— Chaque fille a sa cruche, ajouta le cuisinier, heureux de renseigner son prince. Elles vont et viennent de l'aube à la nuit, allant audevant des désirs de chacun.

— Elles n'abandonnent jamais leur récipient dans la cuisine ?

— Pas tant que leur service n'est pas terminé.

« De sorte que personne n'a pu verser un quelconque produit dans la cruche de Manoû sans qu'elle s'en aperçoive, en déduisit Ménès. Est-elle complice ? Est-elle l'empoisonneuse ? Je dois retrouver cette fille. »

Ménès regardait la tireuse d'eau sans la voir. Absorbé dans ses pensées, il venait de conclure que Dame Nemorit revenait souvent au cœur du problème, que ce fût par ses liens familiaux avec Sinsaéré ou par des relations de maîtresse à domestique. Le cuisinier crut qu'il détaillait la servante vêtue d'un simple collier de perles. Il toussa dans sa main.

— Hum, Nememet est chargée de rafraîchir et de sécher les baigneuses, informa-t-il. Voilà pourquoi elle…

Les baigneuses ! Ménès se rappela tout à coup qu'Ahousi, la fille de Nemorit et de feu le général Afar, passait les heures chaudes de la journée à se tremper dans un bassin. Peut-être était-elle là, à se prélasser malgré la période de deuil. Par elle, il pourrait apprendre beaucoup de choses sans avoir à froisser la susceptibilité de sa mère. Ménès gratifia Nememet d'un sourire puis il partit sans un mot en direction des jardins.

— Que cherchait le fils du roi ? demanda une voix surgie d'entre les fourneaux.

Tous se retournèrent.

— Il voulait parler à Manoû la Nubienne, répondit le cuisinier. Mais elle est en service chez la dame Nemorit.

2. L'On de Nekhbet*

Les belles nageaient à brasse lente pour bien se faire admirer des garçons qui, accroupis au bord du bassin, jouaient de la flûte et du luth pour les accompagner. L'arrivée de Ménès jeta le trouble parmi eux.

— Pardonne-nous, ô mon prince, s'excusa le flûtiste. Le deuil qui frappe le palais nous interdit une telle musique, mais nous chantions les louanges de ton père.

— Le mensonge te va mal, mon pauvre Balat.

* Littéralement : le lieu de la déesse Nekhbet. Il s'agit de Nekheb, en face de Nekhen, sur la rive droite du Nil. C'est une ville sainte consacrée à la déesse vautour Nekhbet.

Ménès lui arracha son instrument des mains, le jeta sur le sol où il se brisa.

— Partez d'ici et couvrez-vous de cendres ! gronda le fils du roi. Le deuil s'étend à tous. Si l'envie reprend à certains de vouloir se baigner, je leur ferai faire trempette dans le bassin des crocodiles.

Ils se hâtèrent de disparaître, la tête basse. Les filles ne prirent pas le temps de se sécher et les suivirent, leur vêtement trempé collé à la peau.

— Ahousi !

La jeune fille s'arrêta, revint sur Ménès, un sourire resplendissant sur ses lèvres. Elle minauda d'une petite voix :

— Il ne faut pas m'en vouloir. Venir dans ce jardin, c'est me rapprocher de toi, ô Nesout*.

— Je ne suis pas encore roi, souligna Ménès.

— Ne te mets pas en colère, poursuivit-elle, se donnant une mine de chatte. Nos cœurs souffrent de la même façon : ton père et le mien marchent ensemble dans le royaume des morts, mais se couvrir de boue ne les fera pas revenir ni ne les aidera lorsqu'ils comparaîtront devant Osiris. Les pleureuses se lamentent assez pour

* Terme employé pour désigner le roi.

exprimer notre douleur. Je garde mon père au fond de moi, c'est là qu'il continue à vivre : derrière l'éclat de mes yeux, derrière le son de ma voix, derrière les battements de mon cœur. Alors que je rie ou que je gémisse, quelle importance pour lui ?

Ménès convint qu'elle devait avoir raison. Il pensa même qu'elle ferait une excellente diplomate auprès de la reine pour l'amener à écourter la période des jours morts.

— Manoû la Nubienne partage bien son service entre le palais et ta maison, n'est-ce pas ?

Ahousi eut un mouvement de surprise. Comment le prince connaissait-il cette fille ? Une lueur de jalousie s'alluma dans ses yeux.

— Depuis quand un fils de roi s'intéresse-t-il à une servante ? demanda-t-elle d'un air suffisant.

Elle se voulut acide, assena :

— Il est vrai que tu préfères les petites voleuses aux âmes bien nées.

Elle se rendit compte tout de suite qu'elle avait commis une bévue. Elle se mordit la langue, mais l'ombre de Thouyi l'hirondelle venait de s'interposer entre eux. Ahousi s'était pourtant juré de ne jamais faire allusion à elle. Ménès accusa le coup, choisissant pourtant de se taire : il avait besoin d'Ahousi.

— Tu ne m'as pas répondu, dit-il. Manoû s'est-elle présentée chez toi le soir de mon retour?

— Il y a deux jours? Oui. Elle est rentrée chez elle à la nuit mais n'a pas reparu le lendemain.

— Comment?

Ce fut au tour de Ménès d'être étonné.

— Elle n'est pas venue hier, poursuivit Ahousi. Ni aujourd'hui d'ailleurs. Elle doit être malade. Ma mère a décidé de ne plus l'employer parce que Manoû n'a pas prévenu de son absence, et son labeur reste à faire. Nos deux autres servantes rechignent devant le surcroît de travail et traînent exprès quand on leur demande de s'activer. Cela m'ennuie, je ne vais quand même pas laver mes robes moi-même!

— Sais-tu où elle habite?

— Oui, au pied de l'On de Nekhbet, dans un quartier qu'il vaut mieux éviter.

— Tu vas m'y conduire.

Ahousi l'observa comme s'il venait d'énoncer une énormité.

— Moi? Mais je…

Elle perdit sa respiration, manqua suffoquer.

Elle se retint de rétorquer : « Tu es fou ! » Ménès l'attrapa par un bras.

— Belle Ahousi, tu ne vas pas me faire croire que tu as peur ?

— Non, bien sûr, avec toi je ne risque rien.

Ménès ne sut pas si elle était sincère ou si elle se moquait de lui. Il ne lui laissa que le temps de se changer puis il traversa le jardin à grands pas, la tenant par la main, la forçant à courir, attirant le regard amusé des jardiniers qui s'empressèrent cependant de baisser la tête et de prendre un air chagrin quand il arriva à leur hauteur.

Ahousi commença à paniquer quand ils franchirent l'enceinte du palais.

— On va se rendre là-bas tout seuls ? chevrota-t-elle.

La rue descendait en pente douce, s'arrêtait net sur une volée d'escaliers qui plongeaient vers la ville. Les habitants avaient enduit les maisons de cendres : Nekhen paraissait triste et sombre, vide du rire des enfants et des clameurs des artisans. Seuls des cris s'envolaient de quelques fenêtres, déchirants, pitoyables, donnant l'impression qu'on égorgeait les pleureuses.

Ménès hésitait. La ville ne lui était pas un terrain très connu. Il l'avait traversée deux ou trois fois en compagnie de Thouyi, mais il s'était laissé guider par la jeune fille. « C'est ma ville ! » se dit-il pour se gonfler de courage. Pourtant il avait aussi entendu parler d'agressions dans les bas-fonds qui l'avaient fait frémir. Il aperçut à ce moment un jeune officier qui remontait la rue, l'épée battant la cuisse. Il l'appela. L'homme s'inclina devant son futur roi.

— Quel est ton nom ? demanda Ménès.

— Hotep, pour te servir, mon prince.

Il salua la fille du général, lui coula un regard admiratif, mais elle l'ignora superbement.

— Nous voulons aller à l'On de Nekhbet, dit Ménès. J'aimerais que tu nous y accompagnes.

Hotep posa la main droite sur la poignée de son épée, signifiant qu'il était prêt à obéir.

— La maison de la Nubienne est peinte en vert, précisa Ahousi. Vous la trouverez à l'angle de la rue qui sépare le quartier des fileuses du quartier des tanneurs.

— Je connais l'endroit, assura l'officier. C'est la rue qu'empruntent les prêtres de Nekhbet lorsqu'ils remontent du Nil vers le temple.

Ménès jeta un coup d'œil étonné à Ahousi.

— Tu ne viens pas avec nous ?

Ahousi se tortillait, mal à l'aise. Hotep vint à son aide.

— Il n'y a rien qui puisse attirer une jeune fille en ces lieux. L'odeur des peaux y est abominable, et à moins de vouloir porter une offrande à la déesse vautour…

Il quêta un sourire, une mimique de remerciement, un simple mouvement de tête, mais Ahousi resta de marbre. Il sembla à Hotep que le regard de la jeune fille passait au travers de son corps comme s'il n'existait pas.

— Allons, soupira Ménès en haussant les épaules, qu'elle reste si elle craint de respirer la ville.

Ahousi les suivit des yeux pendant qu'ils descendaient la rue. Ils disparurent entre les maisons.

— Peuh, ronchonna-t-elle, quel intérêt à se rendre soi-même là-bas quand il suffit d'y envoyer ses gardes ? Et pourquoi Ménès tient-il tant à rencontrer cette fille ? Ne peut-il attendre qu'elle reprenne son service demain au palais ?

Ahousi rebroussa chemin en maugréant, tapant dans les cailloux. Elle houspilla un ânier revenu de livrer ses légumes au palais, et dont la bête força la jeune fille à se pousser de côté. Elle alla se camper près de la porte d'enceinte, décidée à attendre le retour de Ménès.

Ahousi s'assit le dos à la muraille, sans un mot pour le garde qui s'interrogeait.

Ménès et Hotep bataillaient contre le courant qui menaçait d'emporter leur barque de roseaux. Unissant leurs efforts, ils pagayèrent jusqu'à ce que l'embarcation retrouvât les eaux plus calmes de la rive, de l'autre côté du fleuve. Ils s'arrêtèrent contre le quai, arrimèrent la barque à un anneau scellé dans la pierre, gravirent les quelques marches qui les séparaient du niveau de la rue. Nekheb était aussi morte que Nekhen, chacun respectant le deuil de la famille royale. Les enfants ne couraient pas dans les rues, les artisans s'efforçaient de travailler sans trop de bruit, limitant leurs appels, se contentant de secouer leurs apprentis au lieu de les réprimander vertement. Le passage de Ménès et de Hotep amena des visages derrière les fenêtres, fit s'entrouvrir des portes. Personne ne reconnut le fils du roi, mais la présence de l'officier intriguait. Une ligne d'yeux les accompagna de venelles en venelles.

— L'air commence à sentir le tanin et le cuir, releva Hotep. Nous arrivons.

Ils dépassèrent un atelier de tisserand, largement ouvert sur la rue. Des fileuses maniaient avec adresse deux fuseaux en même temps, qu'elles faisaient tournoyer de la main et du genou comme deux toupies au bout de leur fil. D'autres ouvrières, à croupetons devant les métiers à tisser placés à l'horizontale, compressaient les fils entre deux baguettes. Un peu plus loin, Ménès et Hotep découvrirent les premières peaux suspendues sous un auvent : peaux de gazelles, peaux de vaches, même une peau de panthère dont la queue oscillait au vent.

— Je ne comprends pas pourquoi Ahousi craignait de s'aventurer dans ce quartier.

— Une jeune fille aurait fait sortir la canaille de son trou, dit Hotep, ma présence les retient. J'ai déjà mené plusieurs descentes de soldats dans le quartier bas, sur ordre du général Afar. Les coups de couteau s'y échangent aussi facilement que les paroles.

Une silhouette se profila sur leur gauche. Hotep retira à demi son épée du fourreau. La silhouette s'estompa, se fondant dans les ombres des maisons. Un groupe d'hommes et de femmes se forma néanmoins derrière eux, se faufilant d'abord le long des façades. Ils s'enhardirent rapidement et se pressèrent à la suite du prince et de l'officier.

— La maison verte est au bout de la rue, prévint Hotep.

— Si nous y parvenons ! s'inquiéta Ménès en jetant un œil par-dessus son épaule. Ces gens-là semblent déterminés à nous prendre à parti.

En effet, de toutes parts, des têtes apparurent, des corps s'accrochèrent aux échelles reliant les terrasses entre elles, prêts à se laisser tomber dans la rue. Hotep s'arrêta, fit front.

— Si nous ne sommes pas bientôt rentrés au palais, des soldats envahiront le quartier. Ils brûleront vos maisons, perceront vos gorges, et le Nil sera rempli de vos cadavres d'ici à Dendérah.

La menace fit son effet. Le groupe se desserra, les terrasses se vidèrent. Des grognements roulèrent dans les rues : de vagues protestations teintées de bravade, çà et là un cri de défi, une provocation lancée par une voix solitaire... Une vieille femme ramassa une pierre, l'envoya sur les deux intrus. Deux trois autres l'imitèrent, mais la voix forte de Hotep les ramena à l'ordre.

— Ça y est, souffla Ménès, ils se dispersent enfin.

— Ils vont se terrer dans les trous comme

une bande de rats, mais ils ne nous lâcheront pas des yeux. Ceux-là sont des laissés pour compte, voleurs d'oies, avaleurs d'ombres à l'occasion, mais il ne faut pas croire que Nekheb ne recèle que de la fripouille. Les autres habitants sont confinés dans leurs maisons car ils respectent scrupuleusement la période des jours morts. Je suis né dans cette partie de la ville il y a un peu plus de vingt ans, annonça Hotep comme ils approchaient de l'angle de la rue. Il y fait bon vivre quand l'animation secoue les rues : l'air vibre alors des appels des marchands et des chants des prêtres, et le sourire des filles fait perdre la tête plus sûrement que les coupes de bon vin.

Ménès ne put réprimer un petit rire.

— Je crois que c'est ici, avertit-il.

Un chat prenait le soleil sur le seuil de la maison verte. Hotep appela, heurta la porte en roseaux. Une voix de femme criailla :

— Holà ! Qui est l'abruti qui nous arrache la porte ? En voilà des façons de vouloir entrer chez… !

Elle cessa de tempêter dès que, ayant ouvert, elle reconnut les vêtements du palais. Elle se fit miel alors, se para d'un sourire étiré d'une oreille à l'autre. Belle encore, la peau foncée, la la Nubienne les entraîna dans la salle de séjour au centre de laquelle se dressait une énorme colonne qui soutenait le toit. Un escalier menait à un autel domestique : une statue de la déesse vautour Nekhbet y trônait, et une brassée de lotus était déposée devant elle en guise d'offrande. Des bruits de pas et des chamailleries s'élevaient d'une pièce contiguë. La femme se désola parce qu'elle n'arrivait pas à obtenir de ses enfants qu'ils fassent moins de chahut pendant le temps du deuil, puis elle resta debout devant Ménès et Hotep, les interrogeant du regard.

— Je veux parler à Manoû, commença Ménès.

Les yeux de la Nubienne sautaient de l'un à l'autre, cherchant sur l'expression de leur visage s'ils voulaient du bien ou du mal à sa fille.

— Elle n'est pas là, répondit-elle. Manoû travaille aujourd'hui chez la dame Nemorit.

— C'est faux, assena le prince. Elle devait déjà prendre son service hier, mais elle n'y est pas allée.

La femme eut un hoquet de stupeur.

— Comment ça? Manoû est allée chez la dame Nemorit le soir de la mort du roi, et elle n'est pas rentrée depuis. Je suppose qu'elle dort sur place, avec tout le travail que doivent demander la famille et les amis qui défilent pour consoler la veuve du général Afar.

— Ahousi soutient que Manoû est retournée chez elle la nuit même de la mort du roi, après son service, et qu'elle n'est plus jamais réapparue ensuite.

— Elle ment ! se récria la mère de Manoû.

— Pourquoi mentirait-elle ? intervint Hotep. Il est si facile de vérifier.

La femme leur indiqua les pièces d'un mouvement de rage, siffla :

— Allez-y voir ! Vous verrez bien si c'est moi qui mens !

Hotep inspecta rapidement les chambres, provoquant un début de frayeur chez les enfants qui, du coup, se tinrent cois. Il revint en secouant la tête. La Nubienne s'était appuyée contre la colonne, la tête dans les mains, et gémissait.

— Qu'est-ce qui est arrivé à ma petite ? Qu'est-ce qu'on a fait à ma fille ?

— Je te crois, murmura Ménès en lui posant la main sur l'épaule. Ahousi a pu se tromper : Manoû est certainement chez Dame Nemorit. Ta fille est-elle repassée ici après son travail au palais ?

— Non, renifla la femme, elle avait l'habitude d'aller directement du palais chez le général. C'est plus court.

Elle s'agrippa au bras de Ménès comme il ressortait.

— Promets-moi de retrouver ma fille ! C'est l'aînée de mes enfants et, depuis que leur père est mort, écrasé par un bloc lors de la construction du temple de Nekhbet, je n'ai plus qu'elle pour m'aider à…

— Je la retrouverai, assura Ménès.

Lorsqu'ils furent à nouveau dans la rue, Ménès fit part à Hotep des soupçons pesant sur la jeune servante quant à son implication possible dans l'assassinat d'Antaref.

— Si elle s'est enfuie, c'est qu'elle est coupable, trancha l'officier. Je vais envoyer des soldats à sa recherche.

— Si tel est le cas, je ne comprends pas pourquoi elle ne s'est pas éclipsée tout de suite, rumina le prince. Pourquoi est-elle allée prendre son service chez Dame Nemorit ?

— Pour éviter de se rendre suspecte. Sa brusque disparition au moment de la mort du roi aurait attiré l'attention.

— C'est vrai, reconnut Ménès, mais alors pourquoi s'esquiver ensuite ? Il y a là quelque chose qui ne colle pas. Cette fille a-t-elle bien quitté la maison du général, comme l'indique Ahousi ? Je ne sais plus quoi penser.

Hotep prit un air gêné.

— Je ne me vois pas forcer les appartements de Dame Nemorit pour fouiller les pièces, les caves, les…

Il eut un geste pour exprimer son impuissance : lui n'était qu'un tout jeune officier, elle la veuve d'un général.

— Franchement, ajouta-t-il pour conclure, dans quel but Dame Nemorit séquestrerait-elle sa servante ?

Ménès fut sur le point d'avouer à Hotep que le meurtre de son père était peut-être lié à une vengeance de l'ancienne favorite d'Antaref, Sinsaéré, dont Nemorit était la sœur. Il se retint pourtant : si complot il y avait, il devait apprendre à se méfier de chacun.

3. Au fil du Nil

Ahousi ramassa une poignée de terre, la fit couler entre ses doigts, à la manière d'un sablier. Le garde de la porte d'enceinte, immobile jusqu'alors, commença à faire les cent pas dans le but de se rapprocher de la jeune fille.

— Je n'allais pas me perdre là-bas, grogna-t-elle en réponse à sa propre amertume. Ils n'ont pas besoin de moi pour retrouver Manoû.

Des gens allaient et venaient. Beaucoup l'ignoraient, passaient sans lui prêter la moindre attention, d'autres avaient l'air surpris de découvrir une fille de noble assise contre le mur, dans la terre, et tirant une mine renfrognée comme si elle était venue épuiser là un reste de dépit ou de colère. Pour éviter de croiser les regards,

Ahousi se mit à fixer ses pieds. Puis elle appuya sa tête contre la muraille, ferma les yeux, laissa le soleil lui chauffer le visage. Elle voulut faire le vide en elle, mais la même pensée revenait sans cesse : pourquoi Ménès tenait-il tant à parler à la jeune Nubienne ? Cette question la rongeait, l'empêchait de se lever et de retourner chez elle.

— J'aurais dû les suivre, marmonna-t-elle entre ses dents.

Un sentiment contraire l'anima aussitôt. Le quartier était douteux, les rues peu sûres. On l'aurait étudiée comme une bête curieuse. Non, vraiment, ce n'était pas la place d'une jeune fille de haute naissance.

— Il faut s'appeler Thouyi l'hirondelle pour aller se perdre dans ce bouge, ponctua-t-elle avec un ricanement.

Une voix intérieure lui souffla alors : « Thouyi l'hirondelle n'aurait pas hésité à accompagner Ménès, elle. »

— C'est sûr, maugréa Ahousi, elle est issue de la fange.

Mais la voix ne désarmait pas : « Thouyi est courageuse : elle n'a jamais craint de risquer sa vie pour sauver celle du prince. »

— C'est une friponne, une moins-que-rien !

ragea-t-elle pour étouffer l'impression de honte qui montait en elle. Une intrigante qui a utilisé ses dons de magicienne pour s'attirer les faveurs de la famille royale, mais qui a fini par empoisonner le roi !

Ahousi sourit méchamment.

— Thouyi sera envoyée dans les mines de sel d'où elle ne reviendra jamais. Et c'est moi qui monterai sur le trône en épousant Ménès ! Maman me l'a promis !

Le garde s'arrêta devant cette fille qui grondait toute seule, qui semblait écraser des mots sous ses dents.

— Ça ne va pas ? demanda-t-il. Je peux faire quelque chose pour cette jolie princesse ?

— Oui, cracha Ahousi : retire-toi de mon soleil, tête de courge !

Outré, l'homme s'en retourna vers la porte.

— Voilà que je me mets à parler comme l'hirondelle, soupira la jeune fille. Mais cela fait du bien !

La pensée de Thouyi ne la lâcha pas. À la place d'Ahousi, l'hirondelle se serait trouvée à côté de Ménès, lui ouvrant le passage dans les ruelles sombres : elle aurait été ses yeux dans le noir, elle aurait été son audace face au danger. Ahousi se représenta même Thouyi accrochée au bras du prince. Elle pressa ses poings sur son front, chercha à briser la vision d'une Thouyi s'asseyant à sa place sur le trône. Mais l'image était forte, tenace, bien ferrée dans son esprit. Elle lui devint insupportable ! Ahousi se leva, sa décision prise.

— J'irai seule à l'On de Nekhbet ! décréta-t-elle à haute voix pour s'insuffler du courage.

Elle s'engagea dans la rue, descendit les degrés qui menaient au cœur de la ville, ressassant des mots durs tout au long du chemin pour lutter contre la peur.

Ahousi traversa Nekhen sans aucune difficulté, soulevant ici et là des murmures, des remarques, des regards étonnés. Elle marchait vite, droite, en plein milieu de la rue, évitant de s'aventurer dans les coulées d'ombre. Elle atteignit le Nil. Des pêcheurs paraissaient posés sur l'eau tant leurs bacholes* étaient minuscules. Certains pêchaient au filet, d'autres à la ligne, couchés au-dessus de l'eau pour assommer le poisson dès qu'il mordrait à l'hameçon. La crue avait recouvert les joncs et les roseaux, et le fleuve léchait le pied des remparts. Les barques attachées au quai disparaissaient sous

* Barques de roseaux tressés.

des nuées d'oiseaux venus percher dans le port. Ahousi dénicha une bachole qui lui sembla facile à manier. Elle en chassa les oiseaux qui s'envolèrent à regret et allèrent tournoyer autour des autres embarcations, provoquant les crieries, les protestations vigoureuses des hérons, des grues, des sarcelles, des poules d'eau qui refusaient de céder la place. Un chien déboula à toute allure lorsqu'il vit la barque de son maître s'éloigner du rivage. Il aboya tant qu'il put mais cela ne la fit pas revenir.

Ahousi plongeait sa rame à droite, puis à gauche, répétant les mouvements qu'elle avait observés de nombreuses fois lorsque les serviteurs de son père l'emmenaient promener sur le Nil, entre les lotus et les nénuphars. Pourtant, cette fois, il ne s'agissait plus de longer la rive mais bien de franchir le fleuve et d'affronter la course de l'eau, à la seule force de ses bras.

Le courant la saisit brutalement, dévia la barque de sa trajectoire. Le vent soufflant en sens contraire, la bachole pivota d'un quart de tour et se retrouva dans l'axe du Nil. Ahousi se mit à pagayer avec ardeur, expulsant l'air de sa poitrine en halètements sourds. Comme elle n'arrivait pas à diriger la proue vers la rive droite, elle paniqua, planta sa rame dans l'eau à tort et à travers dans un tourbillon de gestes désordonnés. Elle se rompit les bras, se cassa le dos, s'épuisa en vains efforts. Ses doigts devinrent si gourds et si meurtris qu'ils laissèrent échapper la rame.

— Par Osiris, balbutia-t-elle.

Ahousi se sentit partir en arrière. Elle se cramponna aux deux bords, craignant de chavirer si elle changeait de place. Elle jeta un coup d'œil par-dessus son épaule, vit qu'elle fonçait sur un groupe de pêcheurs occupés à remonter un filet.

— Écartez-vous ! Écartez-vous !

Un des pêcheurs lança l'alerte. Trop tard ! La bachole heurta de plein fouet une embarcation, précipitant la jeune fille dans le fleuve. Empêtrée dans sa longue tunique, Ahousi ne réussit pas à atteindre les mains tendues, et elle fila dans le courant. Elle essaya de nager vers la rive mais, ses forces l'abandonnant, elle se contenta de maintenir sa tête hors de l'eau et appela à l'aide. Déjà, quelques pêcheurs s'étaient précipités à son secours.

Un tronc pointait à la surface, fiché en biais tel un tesson de poterie. Arraché et emporté par les flots, l'arbre s'était arrêté là, comme planté à l'envers, ses racines hérissées vers le ciel.

— Elle va droit sur lui ! avertit un pêcheur.

Les hommes forcèrent l'allure, mais les barques oscillaient dangereusement dans le courant. Ahousi se débattait pour n'être pas précipitée contre l'obstacle. Peine perdue ! Elle arriva sur lui à pleine vitesse, évita la première racine, s'écorcha à la seconde, reçut un violent coup dans le ventre qui lui coupa le souffle en même temps qu'il bloquait sa course. Coincée dans une fourche, les tempes bourdonnantes et la poitrine en feu, Ahousi mit un instant à retrouver ses esprits et sa respiration.

Un pêcheur encastra sa bachole dans les racines, tendit la main à la jeune fille pour l'amener jusqu'à lui. Ahousi allongea le bras, se rendit compte qu'il manquait une bonne coudée* pour pouvoir agripper ses doigts. Elle voulut se rapprocher, plongea la tête sous l'eau pour passer sous l'enchevêtrement de racines. Elle tomba nez à nez avec Manoû qui la fixait de ses grands yeux morts.

Ahousi rejaillit, happa une goulée d'air, hurla comme si elle cherchait à se vider de toute sa terreur. Soulevée par les aisselles, la jeune fille se retrouva prostrée dans une barque.

* Environ cinquante centimètres.

Les pêcheurs dégagèrent alors le corps de la servante, l'étendirent dans une de leurs embarcations.

Les cheveux défaits, tremblant de la tête aux pieds, Ahousi entendit à peine l'un des hommes déclarer que la jeune Nubienne avait été étranglée.

Ménès était assis sur la première des marches qui conduisaient au trône. Le coude sur un genou, le menton dans la main, il semblait abattu. Assise à côté de lui, changée et recoiffée, Ahousi était encore sous l'effet du choc.

— C'était horrible, répéta-t-elle pour la énième fois, le visage de cette fille dans l'eau…

— Les médecins ont examiné le corps. Manoû a été tuée il y a deux jours, c'est-à-dire juste après être repartie de chez toi. Oubiou se charge d'aller faire prévenir sa famille.

Ahousi releva la tête, regarda le prince.

— Pourquoi est-ce que tu voulais la voir ? Cela aurait-il un rapport avec sa mort ?

Ménès réfléchit à ce qu'il pourrait lui dire. Il n'était pas question de la mettre au courant des soupçons concernant sa mère, mais se taire était une mauvaise solution. Ménès connaissait suffisamment Ahousi pour savoir qu'elle irait fureter partout, s'octroyant désormais une part de l'aventure. Alors autant que ce soit lui qui distille et contrôle l'information. Il lui expliqua donc qu'il croyait que Manoû avait drogué le garde pour permettre à un assassin de pénétrer dans la chambre du roi et de l'empoisonner.

— Ce ne serait pas Thouyi ?

— Bien sûr que non, rétorqua Ménès avec un mouvement d'épaules. Quelqu'un est entré après elle. C'était peut-être Manoû après tout. Mais à qui obéissait cette fille ?

— Qui peut souhaiter la mort d'un roi ? interrogea Ahousi d'une voix neutre.

Ménès préféra ne pas répondre. Il avait l'impression qu'Ahousi en savait plus qu'elle ne le laissait paraître ; et si elle voletait autour de lui pour le surveiller, lui tirer les vers du nez ? Il rejeta pourtant l'idée qu'elle pût faire partie d'un complot. Si Nemorit était la coupable, c'était certainement à l'insu de sa fille. Et garder la jeune fille près de lui le garantirait peut-être des coups de l'assassin.

— Quoi qu'il en soit, le fil est coupé maintenant. Je ne peux plus présenter Manoû devant le juge.

— Ce n'était qu'une supposition, rappela Ahousi.

— Non, le meurtre de la servante prouve que j'ai mis le doigt sur la vérité.

— Le juge peut conclure à un crime de rôdeur.

Ménès s'emporta. Il se leva, marcha vers la fenêtre.

— Allons donc, la Nubienne rentrait chez elle tous les soirs par le même chemin. Pourquoi l'aurait-on tuée justement ce soir-là ?

Ahousi le suivit, s'appuya à la fenêtre, tout contre lui.

— Un hasard. Elle portait peut-être des bijoux.

Ménès sauta sur la faille.

— À toi de me l'apprendre ! s'exclama-t-il, un éclair dans les yeux. Tu as bien vu cette fille chez toi, non ?

Ahousi se troubla.

— Je crois… je ne sais plus. Elle était aux cuisines. Oubiou était venu nous apprendre la mort de mon père dans l'après-midi, alors tu penses si j'avais le cœur à m'intéresser aux breloques d'une pétrisseuse de fèves ! termina-t-elle en haussant le ton.

— Breloques qui auraient pu représenter le prix du crime !

Ils restèrent un moment silencieux, le regard perdu au-delà du Nil.

— Je suis désolé, murmura le prince, radouci, mais je veux tellement sauver Thouyi.

Ahousi passa son bras autour du bras de Ménès dans un geste d'une profonde affection.

— Ça ne sert à rien de te ronger les sangs pour elle. Si elle est innocente, elle sera libre après son jugement.

— Il n'interviendra que dans soixante-dix jours, à la fin de la période de deuil. Tu te rends compte, soixante-dix jours avant de la revoir ! Car la loi interdit à tout membre de la famille royale d'entrer en contact avec un prisonnier avant son jugement.

« Ça me laisse soixante-dix jours pour entrer dans ton cœur, poursuivit Ahousi en pensées. C'est plus qu'il ne m'en faut pour te faire oublier l'hirondelle. »

Pourtant, dans les jours qui suivirent, et bien qu'Ahousi se suspendît de plus en plus fréquemment au bras de Ménès, celui-ci ne cessait de songer à sa chère hirondelle.

— Le nouvel interrogatoire du garde qui était en faction devant la chambre de mon père n'a rien donné, se désola Ménès, en promenade avec la belle dans les jardins.

— Il ne se souvient pas de s'être endormi ni de s'être flanqué par terre ? rit Ahousi.

— Ce n'était peut-être pas un somnifère, mais une drogue qui annihile l'esprit pendant quelques instants, lavant le cerveau de tout souvenir se rapportant à ce laps de temps.

— La même drogue qui a réduit ma tante Sinsaéré à l'état de légume, précisa Ahousi.

Ménès cilla. Seule Thouyi était capable de préparer un tel mélange. Mais alors quelqu'un aurait réussi à percer ses secrets ? Une sombre guérisseuse ? Un médecin ?

— Tu as des nouvelles de ta tante ? risqua Ménès. On m'a rapporté qu'elle allait beaucoup mieux.

— Fais jeter ce messager aux crocodiles, lui conseilla la jeune fille, parce qu'il raconte n'importe quoi. Sinsaéré ne se souvient même pas de son nom.

« Si la vengeance ne vient pas de Sinsaéré, qui commande tous ces crimes ? se demanda Ménès. Nemorit seule ? À moins qu'il ne s'agisse d'une machination visant à asseoir Chechoup sur le trône de l'Égypte toute entière. J'ai bien fait d'ordonner à Hotep d'accélérer la production des armes et l'entraînement des recrues. »

— Tu es songeur, ô mon prince. Cela te donne

un air chagrin. Veux-tu que je danse pour toi ? Je sais, c'est interdit, mais je suis prête à perdre une partie de mon ka pour te rendre le cœur plus léger.

Il lui donna une caresse sur la joue pour la remercier de se soucier de lui. Elle se méprit sur son geste, le chargeant d'une émotion plus intense, d'une tendresse amoureuse qui dérégla les battements de son cœur de jeune fille. Elle se pressa contre lui. Ils marchèrent ainsi un moment, sans un mot, Ménès avec un air gêné, et l'impression de trahir Thouyi, Ahousi la mine rayonnante, un grand soleil dans la poitrine.

— On peut s'asseoir, roucoula-t-elle en avisant un banc de pierre.

— Non, dit Ménès, les singes ont l'habitude de jeter des figues pourries sur ceux qui s'installent là.

Ils croisèrent plus loin des jardiniers qui les saluèrent.

— Reposons-nous à l'ombre de ces saules, minauda Ahousi. Leurs branches nous protégeront de l'humeur des singes.

— Non, répéta Ménès, l'oie Smon viendrait nous déranger. C'est son territoire et…

— Alors là-bas, insista la jeune fille en montrant un bassin couvert de lotus. Si l'oie approche, nous la chasserons à coups d'éclaboussures. Ce sera même amusant.

— Non, rechigna Ménès, des serpents utilisent parfois la margelle comme pierre de chauffe.

— Enfin quoi ! s'écria Ahousi. Si ton jardin est brusquement si plein de dangers, fais-y placer tes gardes ! Une chance qu'on puisse encore marcher dans les allées sans se retrouver cerné par une armée de scorpions ! J'ai pourtant l'habitude de venir me baigner et me détendre ici, et jamais encore je n'ai…

— Thouyi est là.

— Quoi ?

— Thouyi est là, dans ce bâtiment blanc au pied du sycomore.

Ahousi serra plus fort le bras de Ménès pour rappeler le prince à elle. Mais il se dégagea. La jeune fille regarda la sentinelle qui marchait de long en large.

— Tu ne peux rien faire pour l'hirondelle, avertit Ahousi d'un ton dur.

— Je sais, souffla-t-il, et c'est bien cela qui me tourmente. Je viens ici chaque soir, à la nuit tombée, et je reste là, bête comme un piquet, à espérer l'apercevoir à travers sa fenêtre à claustra, à attendre l'éclat de sa voix si elle venait à apostropher le garde ou les servantes chargées de sa toilette et de ses repas.

— Ah, parce qu'elle dispose d'un harem de servantes ?

— Elle me manque, confessa Ménès. J'ai l'impression d'avoir perdu une moitié de moi-même : je ne sais plus rire, les plats ne me goûtent plus…

— C'est parce que tu es en deuil de ton père ! s'exclama Ahousi. Je ressens la même chose, sauf quand je suis avec toi. Tu ramènes la chaleur en moi, tu me donnes la force de relever la tête quand je devrais la baisser et couvrir mes cheveux de cendres. Tu me permets de me dresser contre les traditions. Avec toi je reste belle, je continue à vivre. Tu crois que cette fille te manque, mais je suis là, moi.

Ménès secoua la tête.

— J'apprécie ta compagnie, Ahousi, mais ne t'attache pas à moi. Mes pensées sont ailleurs, et je ne veux pas te faire de mal…

Ahousi s'arrêta. Son regard devint noir. Elle cracha :

— Tu aimes cette petite voleuse ?

Ménès se tortilla comme s'il avait reçu un coup dans le ventre.

— Je…

— Ose le dire ! éclata Ahousi, rouge de jalousie. Ose déclarer à haute voix que tu es épris de Thouyi, fille des rues, assassin de ton père !

— Thouyi n'est pour rien dans…

— Fille des rues ! hurla Ahousi. Ses pieds puent le cochon crevé et son haleine sent le vinaigre !

— La colère t'égare…

La voix de la jeune fille grimpa au fausset.

— Elle est née dans la boue ! Mêmes les porchers ne voudraient pas d'elle ! Et tu as l'intention de coller son derrière sur le trône de ta mère ? Allez, reconnais que ce n'est qu'un caprice, l'envie d'un prince de mordre une fois dans le cœur d'une drôlesse !

— Tu te trompes, j'aime Thouyi !

Ahousi roula des yeux fous.

— Tu l'as dit, tu l'as vraiment dit… Tu entends par là que tu l'aimes comme une sœur, ou comme un enfant aime sa mangouste…

Ménès ne répondit pas. Ahousi le sentit soudain très loin d'elle.

— Tu… tu lui as déjà avoué que… ?

— Non, je n'en ai pas eu le courage, et puis je craignais d'être ridicule.

Ahousi ne sut plus que faire. Les larmes lui montèrent aux yeux. Elle s'enfuit pour que Ménès ne la vît pas pleurer.

— J'espère que Chechoup gagnera la guerre! aboya-t-elle. Parce que je refuse Thouyi pour reine!

Dame Nemorit comprit que sa fille était en rage à sa façon de rabrouer les servantes, de jeter sur le sol les coupes de fruits qu'elles lui présentaient. La dame portait un deuil léger, une robe de lin très souple retenue par une ceinture de perles, car les vêtements sombres ne seyaient pas à son teint. Pour marquer cependant la mort de son mari, elle imposait à ses pleureuses de se lamenter du matin au soir. Elle se rendit dans la chambre de sa fille.

Ahousi était étendue à plat ventre sur son lit et sanglotait, la tête sous un coussin. Nemorit s'assit près d'elle, attendit la fin des reniflements.

— Quelle est la cause de ce gros chagrin?

— Ménès…

Ahousi faillit s'étouffer en aspirant de l'air. Elle toussa, reprit :

— Ménès aime l'hirondelle, cette voleuse, cette tache de boue, cette…

Le reste de la phrase se perdit dans un hoquètement. Une nouvelle crise de larmes lui secoua les épaules; tout son corps tressaillit, soulevé par le désespoir auquel se mêlait un sentiment de révolte, de honte et d'injustice.

— Il est allé la voir ?

— Non, il se languit d'elle, et c'est bien pire !

— Même quand tu es auprès de lui ?... Il t'offense, ma fille ! Revêts une robe plus transparente encore, soigne ton maquillage, promène ton minois sous son nez !

— Il ne me voit pas ! Il ne pense qu'à Thouyi, Thouyi, toujours Thouyi ! Ah, comme j'aimerais qu'elle s'évade de ce jardin et ne reparaisse jamais ! Ménès l'oublierait à la longue et se rapprocherait de moi.

Dame Nemorit se pencha, déposa un baiser sur la nuque de sa fille.

— Ménès te reviendra, je t'en fais le serment. Je sais comment sortir l'hirondelle de sa vie.

4. La nuit de l'hirondelle

Thouyi fronça les sourcils : Ménès était revenu, là-bas, debout près du bassin, craignant d'approcher. Elle se recula au centre de la pièce, refusant de se laisser voir. Ne venait-il pas de se montrer il y a un instant à peine avec cette grenouille d'Ahousi suspendue à son bras comme une cruche à son crochet ? Que cette fille se cramponne à Ménès n'avait rien d'étonnant, mais que lui se permette de la promener sous le nez de sa rivale avait de quoi offusquer !

— Ssssst ! siffla-t-elle, comme si l'imitation du crachement du cobra pouvait suffire à l'éloigner.

Il s'éloigna pourtant, les bras ballants, le dos voûté, traînant les pieds. Thouyi se colla alors à la fenêtre. Elle adressa une prière muette à Horus pour qu'il ramène Ménès : elle avait tant besoin de lui parler et, pour la première fois, ressentait le désir de se blottir dans ses bras.

— Menî, Menî, appela-t-elle d'une petite voix à peine audible, la poitrine oppressée par l'angoisse.

Le garde arriva, racla la hampe de sa lance contre le mur pour signifier à la prisonnière qu'elle devait se retirer de la fenêtre, qu'elle n'avait pas le droit d'attirer l'attention. Thouyi attrapa son bol de terre cuite, attendit que l'homme repasse et le lança à toute volée. Il éclata contre les claustras, projetant ses débris un peu partout. Le garde jura, s'écarta de la fenêtre.

— Tu feras moins la fière quand tu pourriras dans les mines de sel ! fulmina-t-il en tendant le poing. S'il ne tenait qu'à moi, je répandrais ta nourriture sur le sol et te ferais lécher les dalles pour te briser.

Thouyi se contenta de lui répliquer :

— Que la langue te pèle !

Elle avisa un tesson de poterie qui avait la forme d'une tête de flèche. Elle le ramassa, alla se réfugier dans un angle de la pièce. Thouyi retroussa sa tunique, coinça l'éclat entre les lanières de la fronde qu'elle tenait cachée sous son vêtement, attachée au haut de sa cuisse.

Personne n'avait songé à la fouiller avant de l'enfermer, ne soupçonnant pas la présence d'une telle arme sur une jeune fille. Elle prenait soin cependant de la retirer et de la dissimuler chaque fois que les servantes venaient lui donner son bain. Après quoi Thouyi la fixait à nouveau sur elle, aussi bien parce qu'elle en prévoyait un usage toujours possible que parce que son contact la rassurait.

La révolte commençait à gronder en elle. Ni Ménès ni la reine Nef'eter n'étaient venus lui parler. Thouyi savait que la loi le leur interdisait, mais elle espérait tout de même…

— Après toutes les épreuves qu'il a appris à surmonter, Menî devrait pouvoir se glisser jusqu'à moi sans problème. À moins qu'il n'en ait pas envie… Je suis sûre que cette sauterelle d'Ahousi lui a tourné la tête, termina-t-elle en faisant grincer les mots sous ses dents.

Réduite à l'impuissance, Thouyi sentait la colère enfler en elle. Deux longs mois à patienter, à tourner en rond dans sa cage ! Deux longs mois gris et mornes à n'apercevoir le ciel qu'à travers les claustras, à ne pouvoir sentir le soleil sur sa peau ni le vent dans ses cheveux ! Deux longs mois d'impuissance pendant lesquels Ahousi avait tout loisir de vider le cœur de Ménès de son souvenir, comme l'embaumeur vidait le corps de ce qui avait fait sa vie ! Il fallait que Thouyi sorte, qu'elle parle à son ami, qu'elle le supplie de ne pas l'oublier !

Une idée l'assaillit. Elle récupéra son tesson de poterie, grava dessus à l'aide d'un autre éclat : « Sors-moi de là, tête d'oignon ! », puis elle le remit en place sous sa fronde. Quand Ménès s'arrêterait à nouveau près du bassin aux lotus, elle lui décocherait son message. S'il ne réagissait pas après cela, eh bien... Thouyi ferma les yeux, ne voulut pas penser à ce qui se passerait si le juge la déclarait coupable de pratiques occultes ayant entraîné la mort du roi.

Elle porta instinctivement la main à son cou, chercha son amulette. Elle se rappela alors qu'Oubiou avait gardé son œil d'Horus, trouvé dans les mains du cadavre du roi.

— Horus n'a pas protégé Antaref, murmura-t-elle. Puisse-t-il me protéger, moi !

Cette nuit-là, la pleine lune jetait des ombres bleues dans le jardin, et l'eau du bassin scintillait comme éclairée par en dessous. Allongée sur son lit, les yeux ouverts, Thouyi écoutait les bruits de la nuit : le vent qui froissait les feuillages, le clappement de queue des crocodiles qui s'ébattaient plus loin dans un grand bassin qui leur était réservé, les courses et les querelles des singes dans les arbres... Tout respirait le Nil, la liberté.

— Psst! L'hirondelle!

Thouyi dressa l'oreille. Avait-elle bien entendu ou était-ce une illusion née du vent dans les branches? Cela recommença. Elle reconnut la voix de la sentinelle, s'approcha de la fenêtre.

— Quelqu'un veut te voir cette nuit, chuchota l'homme. Ne t'endors pas, je t'ouvrirai dès que je recevrai le signal.

«Menî! pensa Thouyi. Il s'est enfin décidé à se manifester.»

Le cœur léger, elle retourna s'étendre, l'oreille aux aguets. L'attente ne fut pas longue. La bâcle qui barrait la porte fut retirée, la clarté lunaire pénétra dans la pièce.

— Suis-moi, dit le garde en lui attrapant le poignet.

— Je ne vais pas me sauver, grogna Thouyi.

Ils longèrent une haie de tamaris, se dirigèrent vers une zone d'ombre plus épaisse, tombée des saules. La jeune fille y perçut une présence.

— Menî? demanda-t-elle.

Elle eut brusquement conscience d'un danger, voulut se dégager, mais le garde la tenait d'une main ferme. Trois silhouettes apparurent, dont l'une enveloppée dans un long voile couvrant la tête et les épaules.

— Elle est à toi, dame Nem…

— Pas de nom, imbécile! siffla une voix de femme.

« Dame Nemorit! C'est un piège! » comprit Thouyi. Les deux hommes qui l'accompagnaient saisirent chacun la jeune fille par un bras. Le garde frappa Thouyi dans le dos pour lui couper le souffle et l'empêcher de crier, puis il tendit la main, reçut de la dame un collier de turquoise en paiement de sa trahison.

— Il faudra m'assommer, dit-il, sinon je m'expose à de gros ennuis. Mais pas trop fort.

— Je m'en chargerai, grogna l'un des deux hommes, dès qu'on aura calmé cette hirondelle.

Thouyi hoquetait, lançait des coups de pied dans les jambes, se tordait, essayait de mordre… Dame Nemorit se planta devant elle, le visage toujours voilé.

— Tu vas disparaître de la vie de Ménès,

annonça-t-elle. J'en ai assez de te trouver entre le trône et mes ambitions.

— Cela ne t'a pas suffi d'empoisonner le roi, cracha Thouyi, sa respiration retrouvée, il faut aussi que tu t'en prennes à moi !

— Je ne suis pour rien dans la mort d'Antaref, répliqua la femme, et je reste persuadée que c'est toi qui l'as tué. Je ne veux pas prendre le risque de te voir acquittée ou simplement éloignée du palais... Tu regagnerais vite le cœur de Ménès grâce à tes talents de magicienne. Tu dois être éliminée à jamais !

— Que veux-tu dire ?

Dame Nemorit fit un geste. Il sembla alors à Thouyi que son crâne éclatait, et elle sombra dans un noir profond. Les deux hommes la chargèrent sur un âne, puis l'un d'eux retourna avec le garde jusqu'à la bâtisse et l'étourdit d'un coup de massue.

L'âne trottinait dans les rues désertes de Nekhen, fâché qu'on lui bastonne sa maigre croupe pour le diriger vers le Nil. Secouée par les tressauts de la bête, Thouyi revint à elle. Une douleur fulgurante la traversa de la nuque jusqu'à l'œil. Couchée à plat ventre en travers de l'encolure, les bras et les jambes passés de chaque côté de l'animal, la tête ballottée contre son flanc, la jeune fille avait l'impression que tout son sang avait reflué dans ses tempes et lui martelait le crâne comme à grands coups de massette.

— On va la jeter dans le fleuve et l'affaire sera réglée, marmonna l'un des hommes.

— Il faut la lâcher dans le courant, rectifia l'autre, que son corps aille se perdre en aval.

Le vent soufflait fort sur le Nil, les palmes des dattiers s'entrechoquaient et provoquaient un craquètement semblable au cri aigre du héron. L'âne descendit vers le port, s'avança sur le quai. Une paire de fortes mains arracha Thouyi de sa monture, la laissa tomber sur le sol.

— Elle a déjà son compte, remarqua le bonhomme. Elle ne sentira pas la morsure des crocodiles.

Le second étouffa un ricanement. Il s'approcha des embarcations qui dansaient sur les eaux en faisant crisser leur armature de roseaux, choisit celle qui conviendrait le mieux.

Thouyi ouvrit un œil. L'homme qui l'avait frappée lui tournait le dos, jambes écartées, mains sur les hanches, sa courte massue pendue à sa ceinture. Sa silhouette trapue se découpait sur la nappe argentée du fleuve. Thouyi glissa la main sous sa tunique, détacha sa fronde, serra le tesson de poterie entre ses doigts. Lentement, très lentement, elle se redressa, plaça le projectile dans la poche de cuir, fit tournoyer son arme. Le frou-frou de l'air attira l'attention du gaillard. Il tourna la tête. L'éclat lui perça la tempe. Il tomba sans un cri, se brisa le front contre la pierre.

— Hé ! s'étonna son complice qui venait de monter dans une bachole, tu ne tiens plus debout ?

Il mit quelques secondes à réaliser que la jeune fille s'enfuyait. Il lâcha une bordée d'injures, remonta sur le quai, s'accroupit prêt de son acolyte, lui releva la tête. Mort ! Alors il s'élança derrière Thouyi, animé par un terrible désir de vengeance.

Thouyi courait à perdre haleine, sa fronde à la main. Elle pensa s'arrêter, chercher une pierre, viser son assaillant, mais elle perdrait un temps précieux, d'autant que des larmes brouillaient sa vue et que sa respiration hachée pouvait faire trembler sa main. La douleur qui vrillait son crâne était si aiguë, si intense, qu'elle dut se prendre la tête dans les mains pour réprimer un début de vertige. L'autre soufflait derrière elle, ses semelles battant la terre dure.

Thouyi grimpa une volée de marches pour briser le rythme de son poursuivant, mais elle ne réussit qu'à se casser les genoux. Elle aurait pu crier, appeler à l'aide, mais loin de faire jaillir les honnêtes gens, elle risquait de rameuter tous les avaleurs d'ombres des bas-fonds de la ville. Un homme apparut pourtant, à cent coudées devant elle. Thouyi le distinguait à peine dans la ruelle mal éclairée de lune. Elle entrevit l'éclat d'une lame, se dit qu'elle était perdue, coincée entre deux tueurs. Une cour s'ouvrait à sa droite. Elle y plongea, culbuta tout de suite sur des fours circulaires affleurant le sol, utilisés pour fondre le cuivre. Thouyi s'affala sur un empilement de moules en brique.

— Je te tiens ! rauqua le bonhomme qui la traquait depuis le Nil.

Il sortit un poignard de sa ceinture, reprit :

— Je termine toujours l'ouvrage commencé : on m'a commandé de te tuer, donc je...

— Halte ! cria le nouvel arrivant. La période du deuil interdit les sorties de nuit. Approchez et présentez-vous à Hotep, officier des lanciers du roi !

L'assassin s'effraya. Il se retourna, chercha à porter un coup à Hotep. Dans sa hâte, il ne parvint qu'à lui entailler le bras. Le jeune officier l'empoigna par les cheveux, lui renversa la gorge en arrière, le fit tomber sur le dos et lui planta son épée dans le cœur.

Thouyi n'avait pas bougé, mais elle serrait un moule en brique entre ses doigts. Hotep s'approcha de la jeune fille toujours à terre ; il lui tendit la main pour la relever. Thouyi l'attrapa, se laissa tirer vers lui.

— Eh bien, la belle, je crois que je suis arrivé à…

Il n'acheva pas. Thouyi venait de lui assener un coup qui l'envoya au sol.

— Personne ne remmènera l'hirondelle dans sa cage, siffla-t-elle, personne !

Elle jeta le moule avant de s'enfuir dans les rues de Nekhen pour s'y perdre.

5. Le combat des dieux

Ménès faisait sauter le tesson dans sa main. De multiples questions se pressaient dans sa tête : pourquoi Thouyi avait-elle agi ainsi ? Qui était l'homme retrouvé mort sur le quai ? Le complice qui l'avait aidée à s'échapper ? Seule Thouyi avait pu graver l'inscription : « Sors-moi de là, tête d'oignon ! » C'était sa façon de s'exprimer lorsqu'elle s'adressait au fils du roi. Or si ce message lui était destiné, que faisait-il fiché dans la tempe de l'inconnu ? Ménès ferma les yeux en exhalant un profond soupir. Il était dans la salle du conseil en compagnie de la reine, d'Oubiou et de ses assistants, et de quelques officiers de l'armée.

— Non, dit Nef'eter en réponse à une question qui avait échappé à Ménès, nous ne romprons pas la période de deuil en allant fouiller chaque maison de Nekhen afin de retrouver Thouyi.

— Faut-il juger l'attitude de la reine comme étant favorable à cette empoisonneuse ? releva l'un des conseillers.

Nef'eter monta le ton :

— Je ne lancerai pas non plus mon armée dans la guerre avant la fin des jours morts ! Est-ce pour autant que je suis favorable à la victoire du roi de Bouto ?

Le conseiller baissa la tête. Oubiou se racla la gorge avant de déclarer :

— L'évasion de cette fille la rend coupable aux yeux de la justice. Si elle avait eu l'âme en paix, jamais elle ne…

La reine leva la main pour le faire taire.

— Qui peut savoir ce qui se passe dans la tête d'une jeune fille condamnée à rester enfermée pendant soixante-dix jours sans parler à quiconque ? reprit Nef'eter d'une voix basse, presque soufflée, comme si elle se parlait à elle-même. Je sais ce qu'engendre la solitude : l'amertume de se sentir abandonnée, l'abattement puis le désespoir.

— La reine l'excuserait-elle ? s'indigna le plus âgé des officiers, un certain Nechutis.

— Si je ne cherchais pas à comprendre le cœur de mon peuple, à quoi me servirait d'occuper ce trône ? Un roi est l'intermédiaire entre les dieux et ses sujets. S'il n'honore ni ne respecte les uns et les autres, son pouvoir sera de courte durée et le vent du désert effacera jusqu'au souvenir de son nom.

— Qu'en pense le futur roi ? Dans le respect des uns et des autres, vaut-il mieux baiser les pieds des dieux ou assurer la sécurité des hommes ?

Tous les regards se posèrent sur Ménès. Il comprit qu'on le testait, qu'on tentait peut-être de l'opposer à sa mère. Le prince choisit ses mots.

— La reine obéit à la règle de Maât. La transgresser, c'est faire s'écrouler l'ordre qui régit toute vie, c'est précipiter l'Égypte dans le chaos.

— J'ai l'impression que la déesse Maât a choisi son camp, poursuivit Nechutis.

— Qu'entends-tu par là ? demanda la reine.

— Pendant qu'à Nekhen tu te contentes d'expédier les affaires courantes, l'armée ennemie avance à grands pas. Mes espions viennent de m'avertir : Chechoup a dépassé le Delta. La ville de Iounou a uni ses forces aux siennes, Smen-Hor s'est rendue sans combattre. Partout où il passe, les gens l'acclament du titre de Pharaon – le Maître des Deux Terres !

— Les gens crient de peur ! tonna Ménès, et sa voix surprit par sa violence. Ils craignent pour leur tête et sont prêts à l'appeler Divin Rayon de Râ pourvu que Chechoup leur laisse leurs oies et leurs ânes. Que le roi de Bouto subisse un revers, et ce même peuple qui l'encense le poursuivra à coups de bâton en le traitant de hyène puante. Il ne faut pas tendre l'oreille aux rumeurs.

— La rumeur est dans ta ville, intervint Hotep pour appuyer son supérieur. Dans chaque foyer, on ne parle plus que de la menace du Nord. Ton peuple n'attendra pas la fin des jours morts pour déserter Nekhen.

Nef'eter fit claquer sa sandale sur la dalle, ramenant l'attention sur elle. Les apartés cessèrent.

— Iounou et Smen-Hor se sont alliées à Chechoup parce qu'elles sont situées bien plus près de Bouto que de Nekhen. Het-Nesout tombera encore, Tehni et Kmounou aussi peut-être, mais au fur et à mesure qu'il approchera du Sud, Chechoup se heurtera à une résistance de plus en plus accrue car les garnisons cantonnées dans ces villes dépendent directement de nous.

— Ce n'est pas sûr, rectifia Nechutis. Gonflés de victoires, les soldats de Chechoup vont se sentir invincibles. Ils balayeront ceux qui leur couperont la route comme... comme...

Il chercha des yeux un objet à renverser. Ménès retira le vase en albâtre qui siégeait sur une table avant que le vieil officier ne l'envoie claquer contre un mur. Le scribe chargé de réceptionner les messages au palais prit la parole.

— Si nous venons d'apprendre que la ville de Smen-Hor s'est rendue, cela signifie que les armées de Chechoup se sont peut-être déjà emparées de Het-Nesout. Il faut une douzaine de jours pour aller de Smen-Hor à Nekhen. Ainsi, si la nouvelle de la chute de Dendérah devait nous parvenir, ce serait le même jour où l'on constaterait que l'ennemi cerne notre ville. Nous devons arrêter Chechoup en lui opposant notre armée.

Un long silence plana. Tout était dit. Le reste dépendait de la reine. Ménès comprit, en voyant le visage de sa mère, qu'elle ne céderait pas. Nef'eter était consciente du désarroi qui frappait même les plus endurcis de ses officiers, mais elle plaçait la règle de Maât au-dessus des hommes.

— Je compte sur la fidélité des villes alliées pour ralentir Chechoup, je l'ai déjà dit. Nos soldats sont prêts, il ne leur faudra pas longtemps pour culbuter l'ennemi – où qu'il se trouve – quand la période de deuil sera achevée. Si Chechoup attaque Nekhen avant, nous résisterons par les armes, car la loi permet de se battre pour défendre sa vie. Mais uniquement pour défendre sa vie, souligna-t-elle, pas pour porter la mort au-delà de l'enceinte.

Elle regarda les hommes un à un, chercha au fond de leurs yeux l'éclair de la rébellion ou le voile de l'obéissance teintée de résignation.

— Cela n'empêchera pas le peuple de trembler, risqua Oubiou.

— Je pense aussi à lui, répondit Nef'eter. Il serait bon, cher Oubiou, que tu organises avec l'aide des prêtres le combat d'Horus contre Seth. Qu'il se déroule devant le temple et que toute la population y soit conviée ! En faisant vaincre le Bien sur le Mal, nous ramènerons un peu de sérénité dans le cœur de nos sujets, car ils assimileront d'eux-mêmes le dieu Seth à Chechoup.

La reine se tourna vers son fils, poursuivit :

— Tu tiendras le rôle d'Horus. Il est bon que le peuple garde en l'esprit l'image de son futur roi terrassant l'adversaire.

— En principe, la loi interdit le spectacle durant un deuil, rappela Nechutis, un sourire malin au coin des lèvres.

— Pas quand il permet de rétablir l'espoir, conclut la reine.

Chacun s'inclina puis se retira. Le destin de la Haute-Égypte était scellé.

Trois jours plus tard, Nekhen se pressait autour du temple d'Horus. C'était une façon de retrouver la vie au cœur des jours morts et, même si le mystère qui allait se dérouler restait attaché aux dieux, les gens voyaient là l'occasion d'une réjouissance populaire. Oubiou avait passé les trois nuits précédentes à étudier chaque détail des scènes, et perdu sa voix à faire répéter les prêtres et les divers acteurs. Ahousi avait tant insisté auprès de la reine et du grand conseiller qu'ils avaient accepté de lui confier le rôle d'Isis. Chacun devait jouer à visage découvert, les masques n'intervenant que pour le combat final. Plusieurs décors avaient été aménagés, et il suffisait de tourner la tête pour suivre le déroulement du spectacle. Des tribunes s'élevaient de part et d'autre du temple, destinées à isoler la reine et les dignitaires de la population.

Une brève sonnerie de trompes amena un silence brutal. Le mythe commençait. Osiris et son frère Seth apparurent en compagnie de leurs courtisans. Ils s'attablèrent, commencèrent à parler, à rire et à manger. Sur un signe de Seth, on apporta un grand coffre de bois magnifiquement travaillé.

— Je l'offre à celui qui le trouvera exactement à sa taille, annonça le dieu.

Chacun des convives s'y coucha, mais le coffre était ou trop grand ou trop petit. Quand Osiris s'y étendit, le trouvant à sa mesure, Seth rabattit le couvercle sur lui. Ses complices le clouèrent jusqu'à ce qu'il ne subsistât plus un espace où enfoncer une pointe. Alors ils le chargèrent sur leurs épaules et firent mine de descendre vers le Nil pour jeter le coffre dans l'eau, sous les lamentations de la foule qui participait directement à l'action. Un nouveau coup de trompes ! On entendit les pleurs d'Isis avant de la voir. Elle courait d'un poteau à un autre, chacun peint d'une couleur différente pour symboliser les régions d'Égypte. Elle s'épuisa ainsi du Nord au Sud, du Nil au désert, cherchant une trace de son époux, interrogeant des prêtres, des paysans. Un enfant lui apprit que le coffre de bois avait atteint la grande mer et voguait vers Byblos*. Un récitant vint raconter qu'Isis, transformée en hirondelle, vola jusqu'à Byblos – au pays des cèdres – où elle découvrit que le cercueil d'Osiris se trouvait à l'intérieur d'un grand sycomore qui avait poussé autour de lui.

Une troisième sonnerie ouvrit les portes du palais de Byblos, au centre duquel trônait le sycomore transformé en pilier. Le roi Malcandre se désolait auprès de sa femme de ne point trouver de nourrice pour leur fils, quand Isis se présenta.

— Pourquoi pas une Égyptienne, admit-il, puisque aucune femme de mon royaume ne désire s'occuper de mon enfant.

Des panneaux se redressèrent brutalement, tendus de lin noir pour représenter la nuit. Dans l'espace ainsi délimité dormait le fils du roi. Isis entra dans la chambre, jeta sept scorpions de feu sur le sol, puis s'en alla. Des torches allumèrent des brassées de bois répandues sur le pourtour de la scène, créant l'illusion d'un

* Byblos se situe au Liban.

incendie. Des cris éclatèrent, soulevés par le peuple pour appeler à l'aide. Malcandre et sa femme se précipitèrent vers la chambre de leur fils, mais le feu les empêchait d'entrer. L'enfant dormait toujours, écrasé par un étrange sommeil. Des serviteurs tentèrent d'éteindre le brasier, mais nul n'y parvint. Arriva Isis qui, d'un mouvement de la main, fit disparaître les flammes. De longues perches à crochet venaient de retirer les fagots qui brûlaient. La population applaudit, couvrant en partie les paroles du roi Malcandre lorsqu'il demanda à Isis ce qu'elle désirait pour avoir sauvé son fils. Tous se turent cependant quand la déesse déclara :

— Le cœur du sycomore contient le corps de mon époux. Abattez la colonne et rendez-moi le coffre où repose Osiris.

Des hommes munis de haches s'élancèrent, firent voler le tronc en éclats. Isis ramassa un morceau, symbole du cercueil, puis elle repartit et disparut à l'intérieur du temple. Les trompes ouvrirent le quatrième acte. Des roseaux plantés dans des vasques représentaient le Delta où Isis avait trouvé refuge. À quelques pas de là régnait Seth l'impie, le violent. La scène débuta lorsqu'un de ses conseillers vint s'aplatir devant lui.

— Isis est revenue, rapporta l'homme. Elle a réussi à retrouver le corps de ton frère et vient de mettre au monde un fils : le divin Horus.

La colère de Seth éclata, si forte, si tonitruante, que les spectateurs rentrèrent leur tête dans les épaules. Un enfant de l'assistance se mit même à pleurer. Le conseiller apprit à Seth qu'il avait aperçu Isis dans un marécage de Basse-Égypte, près de Bouto. Le dieu s'y rendit à grandes enjambées. En l'absence d'Isis, il trouva le cercueil, l'ouvrit, déchira le corps d'Osiris en quatorze morceaux. Sa fureur apaisée, il alla disperser les parties du mannequin en les lançant sur la foule, sous des huées, des sifflets, des invectives…

Une nouvelle sonnerie retentit. Isis passa, un bébé dans les bras. Elle réapparut en tenant un enfant par la main.

— Et pendant qu'Horus grandissait, expliquait le récitant, sa mère recherchait les morceaux d'Osiris. Elle en retrouva treize, le dernier s'étant perdu dans le Nil. Elle les porta à Anubis qui reconstitua le corps en l'entourant de bandelettes… Et pendant qu'Horus grandissait, son oncle Seth faisait régner le chaos sur la terre d'Égypte.

Isis disparut un court instant dans le temple.

Elle revint, sa main posée sur l'épaule d'un jeune homme. Certains reconnurent Ménès et chuchotèrent d'un rang à l'autre que le prince tenait le rôle d'Horus, qu'il allait combattre en personne.

— Le jour est arrivé, annonça Isis d'une voix claire, où tu dois te montrer digne de ton père. Le désordre gronde autour de nous, ceux qui avaient l'habitude d'obéir se révoltent, la peur est entrée dans le cœur de chacun. Tu dois vaincre le Mal, tu dois vaincre l'ennemi pour rétablir la règle de Maât : la confiance, l'équilibre, la paix.

Les soldats établis devant les tribunes, de chaque côté du temple, se mirent à frapper leur lance contre leur bouclier en un long crépitement sauvage. Les deux groupes figuraient les armées de Seth et d'Horus, et se défiaient mutuellement, s'excitant à l'attaque.

Entre-temps Ménès était allé revêtir le masque du faucon. Une ultime sonnerie de trompes déchira l'air. Horus se tenait devant le temple, un bâton à la main. Seth se faisait attendre. Certains augmentèrent la tension en affirmant qu'il allait surgir de terre ou se laisser tomber du ciel tel un grand oiseau de feu. D'autres soutinrent qu'ils entendaient mugir le Nil, comme si Seth avait l'intention de prendre l'aspect d'Apopis* pour se ruer sur la ville. Dans les tribunes, Oubiou commençait à montrer des signes de nervosité. Où était Seth?

Seth se manifesta enfin. On s'attendait à ce qu'il jaillît avec un cri terrible, or il se détacha de la grande porte du temple, avança lentement, comme intimidé par la foule. Les premiers qui le virent firent la remarque qu'il paraissait plus petit, presque fragile, mais que c'était bien là une preuve supplémentaire de sa rouerie.

— Il veut amener Horus à baisser sa garde pour mieux lui planter ses griffes dans le cœur, commenta quelqu'un.

Horus le regardait s'approcher. Un masque de chien au long museau recouvrait Seth jusqu'aux épaules. Tous deux étaient vêtus d'une tunique blanche et d'une ceinture à laquelle pendait une queue de taureau. Horus ploya sur ses jambes, le bâton tenu à deux mains devant sa poitrine, prêt à parer le premier coup. Seth sautilla autour de lui, l'obligeant à tourner

* Dieu du Chaos qui se cache dans le Nil sous la forme d'un serpent gigantesque, et qui menace sans cesse d'arrêter le soleil dans sa course.

sur lui-même. Comme il n'attaquait pas, Horus lança la première charge. Les bâtons s'entrechoquèrent. Les combattants tournoyèrent un moment puis Seth recula. Une ovation s'éleva de toutes les poitrines.

Horus salua la foule, fier d'avoir remporté l'assaut. Seth bondit. Son bâton écrasa l'orteil de l'adversaire avant d'assener un coup à la base de la gorge.

— Ce n'était pas prévu, grogna Horus, hoquetant pour retrouver son souffle. Tu devais m'agresser par l'arrière.

— C'est moi, tête d'oignon !

— Thou… Thouyi ?

— Tu gesticulais tellement que tu ne m'entendais pas. Continuons le combat, Oubiou nous observe d'un drôle d'air.

Ils virevoltèrent sur la scène, s'agrippèrent, se bousculèrent, firent tournoyer leurs bâtons avant de les claquer l'un contre l'autre. Chaque fois qu'ils se retrouvaient front à front, semblant user leurs forces à se repousser, Thouyi mettaït le prince au courant des détails de la terrible nuit où elle avait été contrainte de tuer un homme.

— J'ai besoin de toi, termina-t-elle. Retrouvons-nous au port ce soir, près de l'atelier du potier. Maintenant presse-toi d'en finir avant que l'on ne découvre le prêtre que j'ai dû étourdir pour emprunter son masque et son costume.

Horus brandit son arme.

— Han! s'exclama-t-il en faisant mine de l'écraser sur le crâne de Seth.

Le dieu du Mal tomba sur les genoux. Le peuple hurla sa joie, demanda qu'Horus frappe et frappe encore. Quand Seth fut étendu à ses pieds, définitivement vaincu, Horus fit rouler son corps jusqu'à la porte du temple afin de permettre à la jeune fille de s'enfuir par où elle était apparue. Il retira alors son masque et, redevenu le prince-héritier, il entreprit de redresser le pilier Djed* afin de régénérer magiquement la puissance royale.

Thouyi rampa jusqu'à l'entrée, puis se coula derrière l'énorme battant de bronze. Elle s'apprêtait à retirer son masque quand une poigne se referma sur son épaule. Le masque lui fut arraché d'un coup. Un jeune officier l'observait; à son côté se tenait le prêtre qu'elle avait assommé.

— Tiens, tiens, tu te souviens de moi, la belle? ricana Hotep.

* Symbolise la colonne vertébrale d'Osiris.

6. L'escorte

Hotep dévalait la rue au pas de charge. Derrière lui se pressait Thouyi encadrée par quatre soldats. Après avoir remis la main sur l'hirondelle, le jeune officier l'avait amenée devant Ménès. En sa présence, la jeune fille avait réussi à convaincre Hotep d'un attentat dirigé contre elle. Aussi se hâtait-il vers la maison du garde afin d'obtenir ses aveux et de procéder à son arrestation.

— C'est ici, assura l'un des hommes comme le groupe faisait halte devant une maison basse.

La porte fut enfoncée. Le bruit alerta le garde qui, croyant à une intrusion de brigands, se rua sur son arme pour se protéger. Il bafouilla de surprise en apercevant les soldats. Il voulut crier à l'erreur, mais lorsqu'il reconnut Thouyi, les mots se bloquèrent dans sa gorge et il ressentit une brusque difficulté à respirer. Il se laissa désarmer sans résistance.

— Ah, vous l'avez retrouvée, balbutia-t-il, la bouche sèche.

— Tu devrais t'en réjouir, lui fit observer Hotep.

L'homme ne répondit pas. Il comprit, au regard de Thouyi, qu'il était perdu.

— Cherchez un collier de turquoise, ordonna l'officier aux soldats.

— Et il me semble bien que la pièce centrale avait la forme d'un scarabée, ajouta la jeune fille.

On entendit des tiroirs tomber sur le sol, des objets rebondir contre les murs.

— Tu vis seul ? interrogea Hotep.

Le garde fit oui de la tête. Ses jambes mollirent quand l'un des hommes rapporta le collier.

— Il correspond à la description. Qui t'a donné ce bijou ? gronda Hotep en appuyant la pointe de son épée sur la poitrine du bonhomme.

— C'est un héritage de ma mère.

— Dans ce cas comment aurais-je pu le décrire avant de le voir ? s'emporta Thouyi. Ça ne sert à rien de nier. La dame Nemorit a avoué :

elle voulait m'éloigner du palais, mais elle affirme que l'idée de me supprimer est venue de toi seul.

— C'est faux! se défendit le garde. C'est le contraire ! Je devais simplement sortir l'hirondelle de sa cage. Les deux tueurs, je ne les connaissais pas. C'est la dame Nemorit qui les a recrutés.

— Et voilà, sourit Thouyi en adressant un clin d'œil à Hotep.

— Dame Nemorit n'a jamais dit le moindre mot, releva l'officier.

— Parce qu'on ne l'a pas encore interrogée, précisa la jeune fille. Mais lui ne le savait pas. Avec ce qu'il vient de nous chanter, la culpabilité de Nemorit ne fait plus de doute. Retournons au palais, j'ai hâte de voir précipiter cette femme dans le bassin des crocodiles.

Le lendemain, la salle des audiences était comble. Convoqués à une assemblée extraordinaire, tous les dignitaires étaient présents, alignés sur deux rangs le long des colonnes. Nef'eter siégeait sur son trône, rigide, les mains posées à plat sur ses cuisses, pareille à une statue de granite. Son fils se tenait à sa droite, debout, une main sur le dossier du trône. Thouyi piaffait près de Hotep, désireuse de prendre sa revanche. En face d'elle, la dame Nemorit et Ahousi étaient au premier rang des courtisans. Nemorit était pâle, nerveuse, et elle ne répondait à sa fille que par des bribes de mots.

« Ahousi est toujours aussi fière, remarqua Thouyi. Elle ne baisse pas les yeux quand je la fixe, et me renvoie son défi silencieux. Elle ne doit pas savoir que sa mère a tenté de me faire assassiner. Quant à Nemorit, je suis sûre qu'elle sent le sol se dérober sous ses pieds. Elle a compris, en me voyant, que tout était fichu pour elle. »

Oubiou frappa une dalle de son bâton, réclamant le silence.

— Il n'est pas coutume de vous réunir durant les jours morts, commença-t-il, mais une affaire grave doit être démêlée. Quelle que soit la décision que prendra notre reine à la fin de la séance, il ne s'agira que d'un arrêt provisoire, comme ce fut le cas pour la jeune Thouyi soupçonnée d'empoisonnement. Les deux affaires seront jugées à la fin de la période de deuil.

Tous hochèrent la tête, d'accord avec le grand conseiller.

— Que fait ici l'hirondelle ? s'enquit le médecin de la Maison Royale. Ne devrait-elle pas être encagée ?

— Thouyi est au centre de ce débat, expliqua Oubiou, voilà pourquoi sa présence est requise.

Il fit avancer la jeune fille, lui demanda de raconter ce qui s'était passé la nuit de son évasion. Thouyi s'exécuta.

— Cette fille est folle ! s'exclama alors Ahousi. En jetant le discrédit sur ma famille, elle cherche à m'éloigner du prince. Depuis quand tient-on compte de l'avis d'une oiselle ?

— Si l'oiselle siffle la vérité, il n'y a aucune raison de se boucher les oreilles, intervint Ménès.

— La vérité ? cracha Ahousi d'un air rogue. Il faut des preuves pour établir la vérité.

Oubiou leva la main. Des soldats poussèrent le garde devant eux. Il jeta un regard apeuré à la dame Nemorit avant de répéter ce qu'il avait déjà avoué à Hotep. Oubiou sortit le collier d'une boîte, le présenta à la Cour, puis il vint le balancer sous le nez de Nemorit. Livide, les lèvres serrées, la respiration courte, la dame ne pipa pas.

— Défends-toi, mère, souffla Ahousi, mais sa voix n'était déjà plus aussi assurée car elle avait reconnu le collier. On a pu te le voler...

— À quoi bon, murmura la dame, si bas que seuls ses proches voisins purent l'entendre.

Elle releva la tête, inspira à longs traits, puis déclara :

— Si c'est être coupable que de vouloir le bien de sa fille, alors je suis coupable ! Si c'est être coupable que d'empêcher une souillon des rues, voleuse, empoisonneuse, de s'asseoir sur le trône des rois, alors je suis coupable ! Si c'est être coupable que d'avoir voulu venger notre roi, alors je suis coupable ! Si c'est être…

La reine brisa son bel élan en rappelant que la participation de Thouyi à la mort d'Antaref était loin d'être établie.

— L'assassinat de la Nubienne Manoû est à prendre en compte, continua Nef'eter. Si l'existence d'une conspiration n'est pas encore confirmée, ce fait est pour le moins troublant. Le juge déterminera la part de responsabilité de chacun : nous n'avons pas à nous prononcer ici sur l'innocence ou la culpabilité des uns ou des autres, mais à tout mettre en œuvre pour éviter que les méfaits se poursuivent.

Nef'eter se leva.

— En conséquence, j'ordonne que Dame Nemorit soit envoyée à Abdjou. Elle y attendra son jugement dans le temple d'Osiris, au milieu des prêtresses. Ahousi restera au palais.

— C'est garder ma fille en otage! se récria Nemorit.

— C'est la soustraire à la rancœur et à la haine qui t'habitent, répondit la reine.

— Je n'ai pas élevé ma fille pour qu'elle devienne une servante!

— Ahousi vivra auprès de moi comme si elle était ma propre fille, assura Nef'eter.

— Si c'est pour faire d'elle la sœur de Menî, je suis d'accord, gloussa Thouyi.

— Quant à toi, reprit la reine en regardant l'hirondelle, je crois qu'une pièce t'attend au fond du jardin. Tranquillise-toi cependant : la mort de ton ravisseur ne sera pas retenue contre toi car tu n'as fait que défendre ta vie.

Hotep saisit le signe que lui adressa Ménès. Il attrapa Thouyi par le bras, commanda à la jeune fille de le suivre. Comme ils sortaient, un messager arriva en courant, couvert de poussière, à bout de souffle.

— Chechoup est devant Kmounou!

L'instant d'après, alors que le brouhaha des commentaires gonflait encore la salle, Hotep revint, la mine piteuse, pour annoncer à la reine et au grand conseiller que l'hirondelle était parvenue à lui échapper dans le jardin.

L'aube. Râ semblait se moquer de la douleur des hommes car il fit naître un matin splendide, tout auréolé d'or, qui se mira dans l'eau du Nil et se réfléchit sur les innombrables cristaux du désert. Un vol d'ibis traversa le ciel. Nef'eter et Ahousi étaient déjà à l'une des terrasses du palais et observaient les préparatifs dans la cour. Six gardes en armes recevaient les ordres d'Oubiou : ils devaient conduire Nemorit jusqu'au port, réquisitionner un bateau, et la mener par voie d'eau jusqu'à Abdjou. Quand la dame Nemorit apparut, Ahousi ne put réprimer un léger tressaillement.

— Tu peux aller embrasser ta mère, dit la reine.

Mais Ahousi ne bougea pas. Les doigts crispés sur la rambarde, elle regardait fixement la scène et laissait de grosses larmes rouler sur ses joues. Quand le groupe se mit en marche, la jeune fille parut se briser, le corps ébranlé par les sanglots. Oubiou les rejoignit sur la terrasse.

— Les patrouilles de nuit n'ont relevé aucune trace de Thouyi, annonça-t-il. L'hirondelle reste introuvable. Tiens, Ménès n'est pas avec vous ? Je l'ai pourtant croisé dans les couloirs bien avant l'aurore.

La reine lui jeta un coup d'œil étonné : ce n'était pas dans les habitudes de son fils de quitter la douceur de son lit pour courir dans le palais en pleine nuit. Une affaire urgente l'avait sans doute appelé quelque part. Elle pensa tout de suite à l'hirondelle. Ménès devait savoir où elle nichait.

— T'a-t-il dit où il allait ? questionna-t-elle à tout hasard.

Le conseiller secoua la tête. À ce moment le sol se mit à gronder, battu par des milliers de pieds. Puis des cliquettements se firent entendre, mêlés au bruit qui s'amplifiait. Nef'eter prit un ton suraigu pour demander :

— Tu as commandé à l'armée de quitter Nekhen ?

— Pas du tout ! se défendit Oubiou. Je ne comprends pas.

Ils se précipitèrent à travers le palais, se postèrent à une fenêtre qui surplombait le mur d'enceinte. C'étaient bien les soldats qui passaient, lourdement équipés de piques, de boucliers, de haches. Les hommes avançaient en huit colonnes parallèles, les uns derrière les autres. Des trompettes les suivaient, chargés de donner les ordres par de brèves sonneries. Puis venaient les Nubiens, leur carquois rempli de flèches sur l'épaule, l'arc détendu à la main. Des ânes fermaient la marche, bâtés de tout le matériel nécessaire à cette immense troupe.

— Où allez-vous ? Où allez-vous ? s'égosillait Oubiou en faisant de grands gestes pour attirer l'attention.

Le vieux Nechutis s'arrêta sous la fenêtre, son harpé* pendu au côté.

— Nous escortons la dame Nemorit jusqu'à Abdjou.

— Vous êtes fous ! Vous ne pouvez pas dégarnir la ville de sa garnison !

— Nous trouverons l'ennemi plus sûrement devant nous que derrière, répondit l'officier.

La reine se pencha.

— Qui vous commande ?

— L'ordre couvait depuis un moment. Mais on ne savait pas s'il fallait aller protéger les navires marchands ou suivre les barques des pêcheurs pour rassurer la population. Le départ de Dame Nemorit a été la bonne occasion.

— Qui vous commande ? répéta Nef'eter d'une voix autoritaire.

— Ton fils, le prince Ménès.

* Sabre à lame courbe.

Oubiou était rouge de colère.

— Il a perdu l'esprit, se lamenta le grand conseiller. Comment ose-t-il conduire l'armée à la guerre pendant les jours morts ?

— Nous n'allons pas à la guerre, sourit Nechutis, nous servons simplement d'escorte. Les pillards, les coureurs de sable attaquent souvent par surprise, et le prince nous a convaincus d'assurer la sécurité de…

— Tsss ! le coupa Oubiou en donnant de grands coups de poing sur le rebord de la fenêtre. Il faut rebrousser chemin.

— Le prince est loin devant, dit l'officier d'un ton faussement navré, et les rues de la ville sont étroites. Je vois mal comment faire manœuvrer les troupes dans ces conditions.

« Voilà donc où il s'est rendu avant l'aube, ruminait Nef'eter, se parlant à elle-même. J'aurais dû me douter qu'il nous préparait quelque chose : cela faisait des jours et des jours qu'il était en compagnie d'officiers. Je suppose qu'il va cantonner l'armée à This, la ville sainte d'Osiris étant interdite aux troupes. »

Une longue envolée de poussière retombait sur Nekhen. La tête de la colonne venait de s'engager dans le désert.

— On ne peut plus l'arrêter, se désolait

Oubiou. Les dieux ne nous pardonneront jamais d'avoir rompu la…

— Si Horus permet qu'un fils désobéisse de la sorte à sa mère, c'est qu'il a des vues sur ce fils.

Oubiou dévisagea la reine d'un air ahuri mais baissa aussitôt les yeux devant le regard sévère de Nef'eter.

Ménès était rayonnant. L'armée le suivait comme un seul homme, trop heureuse de quitter le cadre confiné de la caserne. Ceint du kheprech* bleu, le prince marchait d'un bon pas, entouré de ses officiers qui l'avaient tous assuré de leur soutien. À la sortie de la ville, les tambours commencèrent à rouler, marquant la cadence. Le Nil s'étendait à main droite tel un grand lac tranquille, à peine agité de vent. La barque transportant Nemorit quittait tout juste le quai. Les rameurs saluèrent les soldats, puis ils dirigèrent l'embarcation dans le courant.

Ménès fit un signe à Hotep. Le jeune officier passa l'ordre derrière lui. Le message courut le long de la colonne jusqu'à un ânier avachi sur sa monture. Celui-ci bourra alors de coups de

* Casque léger en peau d'antilope.

talon les flancs de sa bourrique, la pressant de rejoindre la tête de l'armée.

— L'hirondelle est de retour, lança Hotep en attrapant la corde de l'animal, le forçant à se remettre au pas.

— Le coup a été bien monté, reconnut Thouyi en rejetant sa couverture en arrière. Nemorit a été confondue, Ahousi se morfond au palais, l'armée s'est enfin remuée et je suis libre. Les jours de Chechoup sont comptés.

7. Le camp de This

Bâtie autour du temple d'Osiris, Abdjou resplendissait sous les feux de Râ, si bien qu'elle paraissait une ville de nacre posée entre le Nil et le désert. Des villages émergeaient çà et là sur des îlots plantés de palmiers, et des barques dansaient sur le fleuve. Ménès conduisit l'armée jusqu'à This, située en aval d'Abdjou.

— Je ne suis pas fâché d'arriver, grogna Nechutis. Toutes ces nuits passées à la belle étoile m'ont rompu le dos.

— Nous n'entrerons pas dans This, avertit Ménès. Je ne veux pas m'y laisser enfermer par les troupes de Chechoup. Faites établir un camp sur cette éminence, poursuivit-il en désignant une petite colline, et placez des sentinelles dans la vallée. Je veux être prévenu de tout mouvement, de chaque entrée et sortie de la ville.

— Chechoup est peut-être déjà à l'intérieur, releva Thouyi.

Hotep fut d'un avis contraire.

— Je ne crois pas, les activités alentour sont trop paisibles pour qu'on y décèle une présence ennemie, mais Chechoup a des espions dans la ville, c'est sûr.

Les portes de This s'ouvrirent. Une délégation de notables, gouverneur en tête, avança à la rencontre du prince.

— Gloire au fils d'Antaref, commença le dignitaire en collant son nez dans la poussière. Nous désespérions de voir les secours. Kmounou est tombée, et si Saouti résiste encore, c'est uniquement parce que la nouvelle de ton arrivée imminente est parvenue aux habitants.

— La garnison d'Akhmim n'a pas prêté main-forte à Saouti ?

— Akhmim est construite de l'autre côté du fleuve, rappela le gouverneur. Le transport des soldats n'est pas facile car il y a peu de bateaux. Si Chechoup apprenait que la ville se vidait de ses troupes, il aurait tôt fait d'abandonner le siège de Saouti pour foncer sur Akhmim, prenant tout le monde de vitesse.

— Chechoup suit la rive gauche depuis qu'il s'est emparé de Iounou, à la fourche du Delta, intervint Nechutis. Son but est d'atteindre Nekhen, non de sauter d'une rive à l'autre. Akhmim ne risque rien.

— La présence des soldats rassure la population, renchérit Hotep. Si on oblige Akhmim à dégarnir ses défenses pour voler à la rescousse de Saouti, les paysans, les artisans, les fonctionnaires vont déserter l'endroit pour refluer en masse sur This. La ville ne pourra pas supporter un tel afflux de réfugiés.

Ménès soupira. Il déclina l'invitation du gouverneur à venir partager son repas, prétextant qu'il avait à faire au milieu de ses officiers, puis il arpenta le camp, Thouyi sur les talons. Les hommes dressaient les tentes, préparaient le cantonnement, élevaient un double rempart de boucliers.

— Tu t'installes comme si tu attendais la décrue, remarqua l'hirondelle. Quand as-tu l'intention de fondre sur l'armée de Bouto ?

Ménès ne répondit pas tout de suite. Il houspilla d'abord un lancier qui se moquait de son compagnon parce qu'il n'arrivait pas à ficher son bouclier dans le sol.

— J'ai refusé d'entrer dans This pour éviter ce genre de questions.

— Sois plus clair !

— Dois-je avouer à tous ces gens que je n'ai pas le droit de mener mon armée au combat ? L'escorte s'arrête à This.

— C'était un subterfuge !

— Oui et non. Mon objectif était de renforcer les défenses de This et de réveiller mes soldats qui s'encroûtaient à Nekhen. Devant l'étalage de nos forces, Chechoup abandonnera sans doute ses idées de conquête.

— Tu rêves ! Il ne tardera pas à être fixé sur tes véritables intentions, et alors il attaquera. Comptes-tu lui tendre ton cou pour qu'il le tranche ?

Le prince montra les boucliers qui formaient l'enceinte.

— S'il atteint cette limite, nous serons en droit de nous défendre.

— S'il nous contourne en nous riant au nez, lanceras-tu tes soldats derrière lui ou resteras-tu assis, à compter les doigts de tes mains, pendant que son armée mettra Nekhen à feu et à sang ?

Ménès s'arrêta, saisit son amie aux épaules.

— Comprends-moi ! En tant que fils de roi, je ne peux pas transgresser la période de deuil.

— En tant que fils tout court, peux-tu risquer la vie de ta mère ?

— J'ai besoin d'un mois. Aide-moi à trouver le moyen de retenir Chechoup pendant un mois.

Thouyi fit un grand geste pour désigner les soldats et les officiers.

— Tu es entouré de milliers d'hommes et tu quémandes l'appui d'une hirondelle ? Il fallait venir seul avec moi dans ce cas.

Ménès lui entoura les épaules de son bras. Ensemble, ils sortirent du camp, marchèrent dans les rocailles. C'était la première fois que Ménès la tenait ainsi, et elle en fut tout attendrie.

— Menî, exhala-t-elle d'une petite voix.

— Mm…

Thouyi ne voulait plus penser à la guerre. Envolés Ahousi, Nemorit, Antaref, les jardins du palais et les rues de Nekhen ! Elle posa sa tête sur l'épaule de Ménès, se laissa envahir par une émotion nouvelle qui lui procura des picotements derrière la nuque et l'amena à croire qu'elle avait un soleil de miel dans la poitrine. Thouyi releva son visage, tendit ses lèvres…

— Ce qui m'inquiète, reprit Ménès, c'est l'avaleur d'ombres.

« Quelle tête d'oignon ! » Le charme était rompu, la jeune fille se dégagea, se frotta un bras, donna un coup de pied dans un caillou.

— Quoi, l'avaleur d'ombres ? grogna-t-elle.

— Il est là, tout près, revenu avec Chechoup.

— C'est logique. Si, comme tu le penses, c'est l'avaleur d'ombres qui est allé prévenir le roi de Bouto de l'assassinat de son ambassadeur, après l'attaque à Dendérah, il arrive pour glaner les fruits de ses méfaits. Celui qui le commande doit attendre son retour avec impatience.

— Celui ou celle ! précisa Ménès.

— Je ne crois plus Nemorit coupable. Elle s'est montrée si acharnée, allant jusqu'au meurtre pour installer sa fille sur le trône à tes côtés, que je ne l'imagine pas détruire la somme de ses efforts en complotant avec Chechoup. Je l'ai sentie très franche avec moi juste avant de m'envoyer à la mort. Elle n'avait aucune raison de me mentir à ce moment-là.

— Et, d'après Ahousi, Sinsaéré n'a pas recouvré la mémoire. Il ne s'agirait donc pas d'une vengeance, mais bien d'une trahison.

— Tu comprends alors que tu ne peux pas t'enliser tout un mois, mon pauvre Menî ! L'avaleur d'ombres peut nous atteindre quand il le veut. Qui sait, d'ailleurs, s'il ne faisait pas partie de la délégation de notables et s'il n'est pas en train de courir vers Saouti pour renseigner l'ennemi sur notre effectif et notre armement?

Ménès se prit le menton dans les mains et se mit à réfléchir.

— Je vais établir un réseau d'espions jusqu'au camp de Chechoup, décida-t-il, ainsi je serai tenu au courant de tous ses faits et gestes.

— Avec un retard de trois jours. Ce qu'il te faut, c'est installer quelqu'un dans la tête de ton ennemi, qu'il apprenne ses intentions avant même que les ordres ne soient diffusés à ses troupes.

— Que veux-tu dire?

— Une servante, par exemple, qui pourrait surprendre les secrets des plans de batailles tels qu'ils se discutent sous la tente du roi.

— Une servante, répéta-t-il en haussant les épaules. Où veux-tu que je déniche une... ?

Il comprit à l'instant.

— Tu es folle! Je ne vais pas t'envoyer là-bas!

— Tu m'as demandé de t'aider. Je ne te suis d'aucune utilité parmi tes hommes. Et n'oublie pas que je suis aussi rusée que la déesse Isis.

— L'avaleur d'ombres te connaît. Il aura tôt fait de te percer la gorge avec ses flèches.

— Je sais changer d'aspect : devenir ânier ou princesse, voleuse ou magicienne. Eh quoi, il n'y a rien de plus simple que d'entrer dans la peau d'une servante !

Thouyi mima le rôle, fit semblant de verser un liquide dans une coupe.

— Noble roi, mon bon maître, daigne accepter ce délicieux vin téniotique à peine coloré d'or, au parfum sec et fruité. Je le tiens d'un vignoble au sol composé de graviers, et son goût n'est point gâché par la boue tenace du limon. Bois, ô mon roi, tes soucis fondront sur ta langue avec un tel nectar.

— Bien, bien, rit Ménès, mais où iras-tu le chercher, ton breuvage des dieux ?

— Dans les jarres que tes officiers transportent depuis Nekhen !… Entre âniers, on se parle.

— Je ne peux pas accepter. Ta vie m'est trop précieuse.

Thouyi lui attrapa le bras.

— Tu peux répéter ?

— Euh…

Elle vit monter le rouge à ses joues. Ménès se dandina, gêné.

— Je tiens à toi.

Elle essaya de l'amener à un aveu réel, tenta le tout pour le tout.

— D'Ahousi ou de moi, qui serrerais-tu le plus volontiers sur ton cœur ?

— Réponds, ô mon prince, que je sache à laquelle des deux il me sera permis de faire la cour.

Thouyi et Ménès, qui se croyaient seuls, se retournèrent d'un seul bond. Hotep !

— À surprendre les secrets d'état, tu finiras général, lui promit l'hirondelle. Ça ne devrait pas déplaire à Ahousi.

« Dis quelque chose, espèce de courge, pensa très fort Thouyi en cherchant la réponse dans les yeux de Ménès, j'ai besoin de savoir si tu m'aimes vraiment. »

Mais la courge retourna sans un mot vers le camp, l'intrusion de son officier lui ayant retiré le courage de vaincre sa timidité. Peu de temps après, un ânier vint se plaindre que deux bêtes avaient disparu. Le même soir, les officiers durent se contenter d'arroser leur repas avec de l'eau.

8. Les sept scorpions d'Isis

La clameur de la bataille parvint à Thouyi avant même qu'elle n'aperçoive Saouti perchée sur un escarpement rocheux de la chaîne libyque. Elle força l'allure, dirigea ses ânes vers le sommet d'une butte. Là, elle s'arrêta, découvrant l'ampleur du combat. Les assiégés avaient tenté une sortie. La lance pointée droit devant eux, ils couraient contre la muraille de boucliers derrière laquelle s'abritaient les guerriers de Chechoup, poussant des hurlements pour leur ferrer la peur aux entrailles. Mais avant que les Saoutiens n'arrivent sur eux, les boucliers s'écartèrent, découvrant un corps d'archers qui, un genou au sol, avaient bandé leurs arcs et visaient l'ennemi qui chargeait. Les flèches filèrent à deux coudées du sol, percèrent les ventres et les poitrines. L'attaque brisée, les hommes de Chechoup se ruèrent à leur tour contre les soldats de Saouti. Pendant un moment, ce ne furent qu'entrechoquements d'épées, bruits sourds de massues frappant les boucliers de cuir, cris de douleur ou de rage. Le corps à corps soulevait une telle envolée de poussière que Thouyi eut du mal à distinguer le campement de Chechoup établi en demi-cercle au pied de l'escarpement.

— Je dois y pénétrer pendant que le gros des forces se bat à l'extérieur, marmonna-t-elle.

Elle claqua de la langue. Son âne s'ébranla, mais le second, chargé des jarres, refusa d'avancer.

— Tu ne vas pas faire ta mauvaise tête, grogna Thouyi, nous avons une mission à remplir.

Elle tira sur la corde, le menaça de sa trique. L'âne ne broncha pas, planta ses sabots dans le sable, puis il se mit à protester à longs braiments.

— Comme tu voudras, fit Thouyi en portant ses mains à sa bouche.

Au premier rire de hyène qu'elle imita, les deux ânes dressèrent les oreilles. Au second, ils se sauvèrent au trot. Thouyi atteignit le camp comme les soldats de Saouti refluaient, pris à parti par les archers qui les arrosaient de leurs traits. Les flèches montaient vers le ciel en chuintant, incurvaient leur course, retombaient tels des oiseaux au bec de cuivre. Un appel de trompettes lança une vague d'assaut aux trousses des fuyards.

— Hardi, mes braves ! clamait le roi de Bouto. Il faut nous engouffrer derrière eux dans la ville !

La jeune fille arrêta ses ânes devant une sentinelle.

— Que veux-tu ? demanda l'homme d'un œil soupçonneux.

— J'apporte du vin pour ton roi et ses officiers. Indique-moi l'emplacement de sa tente pour que j'y dépose ces jarres !

— Qui t'envoie ?

Thouyi souleva le couvercle d'une jarre, invita le garde à respirer le bouquet de son vin.

— C'est un délice, reconnut-il.

— Alors quel besoin as-tu de savoir d'où il provient ? Il est là, c'est l'essentiel.

— Laisse-moi y tremper mon doigt.

— Rien du tout ! C'est un breuvage de roi. Et puis c'est de l'eau qu'on sert aux sentinelles.

Le bonhomme la laissa passer, reporta son attention sur la mêlée qui opposait l'arrière-garde des Saoutiens à la première ligne de Chechoup. Les lourdes portes de la ville s'ouvrirent. Les rescapés y coururent en désordre, l'ennemi sur les talons. Les archers en haut des murailles hésitaient à tirer car ils risquaient de toucher les leurs. Sitôt le dernier entré, les portes de bronze se refermèrent en grinçant sur leurs gonds.

— Allez ! Allez ! hurlait Chechoup pour fouetter l'énergie de ses guerriers. Je vous ferai bastonner à vous briser les os si vous n'emportez pas la citadelle aujourd'hui !

Ses hommes dressèrent des échelles, s'y cramponnèrent pour les escalader, mais des grêles de pierres, de flèches, de lances les contraignirent à reculer. Même les femmes étaient montées sur les remparts et déversaient sur l'assaillant de pleins paniers de projectiles.

Thouyi venait de repérer la tente du roi ornée de lisérés d'or. Des hommes allaient et venaient entre les tentes sans s'occuper d'elle : c'étaient des blessés, des convoyeurs de matériel, des armuriers chargés de redresser les épées que leur ramèneraient les soldats. La jeune fille aperçut une femme debout près de la tente, une jarre posée à ses pieds. Elle l'aborda.

— C'est toi qui portes à boire au roi ?

— Le roi a toujours soif après le combat, répondit la femme. J'espère qu'il va gagner aujourd'hui, parce qu'hier il était dans une telle colère qu'il m'a jeté sa coupe au visage, prétextant que mon vin était mauvais.

— La bataille est mal engagée pour lui, avertit Thouyi. On m'a chargée de faire le service à ta place. Va donc livrer ta piquette aux soldats : ils seront ravis de l'aubaine et ne cracheront pas dans la coupe.

La femme éloignée, Thouyi alla attacher ses ânes à un palmier-dattier. Elle appuya les jarres contre le tronc et s'assit à côté en attendant le retour de Chechoup. « À voir le nombre de tentes, ils sont plus de cinq mille, estima-t-elle, mais les hommes qui traînent là ont l'air fatigué. Après la bataille qu'il vient de mener, Chechoup ne peut pas espérer attaquer This avant plusieurs jours, pour le cas où il délaisserait Saouti. Ça nous laisse un court répit. »

Chechoup lança un nouvel assaut qui se brisa comme les précédents contre les murailles de Saouti. Dépité, il fit sonner la retraite. Thouyi sut que le roi arrivait à l'effervescence qui agita brutalement le camp.

— C'est à moi, souffla-t-elle en lissant sa tunique sur ses genoux du plat de la main.

Chechoup était maussade. Habitué à des victoires faciles, à voir se rendre des villes entières sans combattre, il supportait mal son échec devant Saouti. Il était affalé sur un siège tendu de lanières et se grattait la barbe en fixant les pieds de ses officiers debout en rangs d'oignons devant lui.

— Nous ferons tomber la ville en l'assiégeant, assura l'un d'eux. Ses réserves de nourriture ne sont pas éternelles.

— Peuh ! cracha le roi, ils peuvent tenir encore un mois.

— Si nous pouvions tailler dans les remparts comme on taille dans le roc, nous creuserions un tunnel qui nous conduirait dans la place.

— C'est une idée, grogna Chechoup en arquant un sourcil. Mais combien de temps cela nous prendra-t-il ?

L'officier s'apprêtait à répondre qu'il n'en savait rien quand la toile s'ouvrit derrière lui. Il se retourna, vit entrer une jeune fille avec une jarre.

— Tiens, une nouvelle ! remarqua le roi. J'espère que ton vin est meilleur que celui que j'ai bu hier, sinon je te noie dans ta jarre.

Thouyi s'approcha d'une table basse, commença à remplir les coupes qui attendaient.

— Si on se brise les dents sur Saouti, pourquoi ne pas la contourner ? suggéra un autre.

Thouyi se renversa du vin sur les doigts. Cette voix ! Elle connaissait cette voix ! Elle jeta un coup d'œil par-dessus son épaule mais, à l'exception de Chechoup, tous lui tournaient le dos. Lequel avait parlé ?

— Non, non, fit le roi en agitant ses mains, je ne veux pas prendre le risque de me retrouver bloqué entre l'armée de Nekhen et la garnison de Saouti, sans compter que des renforts peuvent leur être envoyés d'Akhmim. Que tous trois conjuguent leur action par un solide travail d'espions et me voilà piégé !

— L'armée de Nekhen est à This, reprit la voix. Sans muraille pour la protéger, sans général pour la commander puisque Afar est mort, grâce à moi, This ne résistera pas longtemps.

« L'avaleur d'ombres ! »

— Alors ce vin, tu nous le sers ou tu attends les prochaines vendanges ?

— Voilà, voilà, s'activa Thouyi dont le cœur s'affolait.

— Qui commande alors l'armée ennemie ?

— Je ne sais pas. Quoi qu'il en soit, le trône de Haute-Égypte est vacant puisque le cadavre de Ménès l'héritier doit à ce jour dessécher dans les sables du désert : le Libyen ne laisse jamais s'échapper sa proie*.

Thouyi rabattit son châle sur sa tête, masquant à demi son visage, puis elle saisit deux coupes et s'avança vers le roi.

— Je sais récompenser ceux qui me servent bien. Ton maître occupera la fonction de vice-roi, comme je l'avais promis, et toi tu auras le commandement de mes troupes en Haute-Égypte.

Chechoup prit la coupe, la porta à ses lèvres. Ses yeux s'arrondirent aussitôt.

— Par Ouadjet ! Voilà un vin venu des dieux ou je ne m'y connais pas !

Il la vida d'un trait, s'empara de la seconde.

— La première pour la soif, l'autre pour le plaisir. Allons, donne aussi à boire à mes officiers, ils ont eu leur comptant de poussière aujourd'hui.

* Voir *L'assassin du Nil*.

Thouyi retourna chercher des coupes. L'avaleur d'ombres poursuivit :

— Il existe une ravine qui longe le Nil jusqu'à la hauteur d'Akhmim. En l'empruntant, nous serions invisibles à d'éventuels espions postés sur les rives. La surprise serait totale. Le temps que la garnison d'Akhmim se regroupe de l'autre côté du fleuve, nous pourrions fondre sur This et disperser l'armée de Nekhen.

Chechoup savoura le plan autant que le bon vin dont il venait de se délecter.

— Voilà qui me plaît ! claironna-t-il.

Thouyi se planta devant l'avaleur d'ombres, lui tendit sa coupe.

« Chéfi ! Le chef des gardes du palais ! L'homme en qui Ménès avait placé toute sa confiance ! »

Elle manqua d'air, toussa pour reprendre son souffle. L'homme lui jeta un drôle de regard. L'ensemble du visage de la jeune fille était caché sous son châle, mais l'éclat de ses yeux laissèrent à Chéfi une impression de déjà-vu. Il l'observa à la dérobée pendant qu'elle passait de l'un à l'autre. Chechoup la rappela.

— Ho, la belle, mes coupes sont vides ! Et montre donc ton minois, ta beauté est peut-être égale au vin que tu nous sers !

— Je... il n'y a plus rien dans la jarre, bafouilla

Thouyi. Je vais aller en chercher une autre. Je reviens tout de suite.

Elle sortit en filée de vent.

— Quelle étrange hirondelle ! remarqua Chechoup. C'est décidé, je me rallie à ta proposition : après quelques jours de repos, mes troupes remonteront le Nil par la ravine.

« Bien sûr ! » fit Chéfi en claquant des doigts. Il s'inclina devant le roi.

— Permets que j'aille aider l'hirondelle à rapporter ses jarres !

La toile de la tente à peine retombée derrière lui, l'avaleur d'ombres fouilla le camp des yeux. Il aperçut Thouyi qui se hâtait vers un palmier-dattier.

« Elle sait qui je suis désormais, mais je l'ai reconnue, moi aussi. Le secret ne sortira pas de sa bouche. »

Thouyi avait du mal à l'admettre : Chéfi était l'avaleur d'ombres. Pourtant tous pensaient qu'il s'était fait tuer à Dendérah quand les hommes du Libyen avaient lancé leur attaque contre les navires transportant l'or destiné au roi de Bouto. Le bonhomme avait bien caché son jeu ! Non content d'avoir préparé l'embuscade avec le Libyen, il avait assassiné le général Afar et s'était arrangé ensuite pour faire croire à sa propre mort.

« Il a dû se laisser tomber à l'eau juste avant que la première volée de flèches ne taillade le pont du navire », se dit Thouyi.

Tirant l'un de ses ânes, la jeune fille se hâtait de quitter le camp de peur qu'on ne lançât quelqu'un derrière elle pour la ramener. Elle longea un grand carré de terre battue où des soldats, à plat ventre, subissaient la bastonnade pour avoir montré de la faiblesse devant l'ennemi. Elle louvoya entre les tentes afin d'échapper à la vue d'un éventuel poursuivant, se heurta aux plaisanteries de quelques soldats qui, affalés sur le sol, tentaient de lui saisir les jambes ou le bout de sa tunique. L'un d'eux se campa devant Thouyi, mains sur les hanches.

— Écarte-toi ! siffla-t-elle sur un ton de colère. Si ton roi apprend que tu retardes sa livraison de vin, c'est ta tête qui lui tiendra lieu de repose-pied, sac à fiente !

Le gaillard hésita. Il se poussa de mauvaise grâce. Thouyi atteignit les limites du camp. Elle jeta un regard circulaire autour d'elle, ne discerna aucun mouvement qui eût pu lui indiquer qu'on la recherchait. Elle grimpa sur son âne, franchit le rempart de boucliers, les yeux de la sentinelle rivés dans son dos.

— Et maintenant, au trot jusqu'à This ! commanda-t-elle en aiguillonnant sa monture à coups de trique.

Mais l'avaleur d'ombres l'attendait derrière la butte.

— Je savais que tu prendrais la direction du Sud, Thouyi l'hirondelle !

Thouyi stoppa son âne. Prise de frayeur, elle sauta à terre et se mit à courir à toutes jambes. Chéfi la rattrapa aisément. Il la fit tomber, lui appuya son genou sur la nuque.

— Je te croyais découpée en rondelles par les pillards ou déchiquetée par les crocodiles.

— Ni les uns ni les autres n'ont eu raison de moi, répondit-elle, du sable plein la bouche. Le Nil n'a pas voulu de toi non plus, mais c'est parce qu'il ne digère pas les traîtres.

— Tu siffles toujours autant, l'hirondelle, mais ton chant va finir ici.

— Menî te fera payer cela très cher !

L'homme eut un tressaut de stupéfaction.

— Ménès ? Comment, il n'est pas mort ?

Il se releva, retourna la jeune fille du bout du pied. Elle s'essuya les lèvres du revers de la main.

— Son armée marche sur Saouti. Elle balayera bientôt toute…

— Tu mens ! coupa Chéfi. Les espions de Chechoup nous ont avertis que les troupes du Sud étaient cantonnées à This. C'est nous qui allons les surprendre et les tailler en pièces.

Il porta la main au fourreau suspendu à sa ceinture. Thouyi était persuadée qu'il allait dégainer son épée, mais il extirpa deux morceaux d'arc qu'il assembla par un étui de cuivre.

La jeune fille étouffa un cri.

— Eh oui, sourit Chéfi, c'est là que l'avaleur d'ombres cache son arme ; il ne promène pas son arc à l'épaule, ainsi que tu le supposais. C'est un fourreau double, expliqua-t-il : l'un pour l'épée, l'autre pour l'arc replié et deux ou trois petites flèches.

Il saisit une flèche rouge, l'encocha.

— Par Seth, je fais le serment que la prochaine sera pour Ménès.

Thouyi sentit son corps se raidir, ses cheveux se hérisser, son sang refluer vers sa poitrine. « Je suis morte ! » pensa-t-elle, les yeux fixés sur cette pointe qui se levait sur elle, pareille à une tête de serpent. « Sauve-moi, Isis, protège ton hirondelle. »

Sa main se crispa sur une poignée de sable

et de graviers. D'un geste instinctif, Thouyi la projeta au visage de Chéfi. L'homme pesta, se frotta les yeux. C'est alors que sept pierres blanches se mirent à remuer sur le sol, en sept endroits autour de Chéfi. Les pierres s'allongèrent, se pourvurent de pattes, d'une queue dressée en arc de cercle et munie d'un aiguillon noir. L'hirondelle ne songea pas à fuir : elle observait les sept scorpions qui achevaient de se dégager du sable. Vite, très vite, ils foncèrent vers le plus gros, et chacun à son tour injecta son venin dans la queue de Tefen*. Chargé de la somme des poisons, celui-ci courut sur l'avaleur d'ombres et le piqua au talon. Chéfi émit un petit cri, aspirant l'air en une seule et longue goulée tant la douleur était fulgurante, puis il s'affaissa d'un bloc. Leur œuvre terminée, les sept scorpions d'Isis s'enfouirent dans le sol où ils se figèrent avant de redevenir à nouveau sept cailloux blancs.

Thouyi eut une pensée reconnaissante pour la déesse qui venait de la sauver. Elle alla s'agenouiller près de Chéfi, lui releva la tête. Une

* Il s'agit des sept gardes du corps d'Isis, dont le chef a pour nom Tefen.

écume noire moussait déjà aux commissures de ses lèvres.

— Sauve ton ka en dévoilant le nom de ton maître.

Elle le secoua pour tâcher de ramener un éclair de vie en lui.

— Parle, dit-elle, ou je ne donne pas cher de ton ka au tribunal d'Osiris.

Des bulles se formèrent, comme si Chéfi essayait de pousser des mots hors de lui.

Thouyi colla son oreille contre sa bouche.

— Jamais !… Mon maître te brûlera les ailes, l'hiron…

L'avaleur d'ombres mourut sans un souffle, sans un tressaillement. Sa tête échappa des mains de Thouyi, aussi lourde que si elle était brusquement devenue de pierre.

9. Le chemin des eaux

Au bout de deux jours et de deux nuits durant lesquels elle ne s'accorda qu'un minimum de repos, Thouyi émergea enfin de la ravine qui courait parallèle au Nil, juste en face d'Akhmim. Quel ne fut pas son étonnement de découvrir l'armée de Nekhen, le prince en tête, en formation de marche ! Elle bondit de son âne, s'élança vers eux. Oubliant toute retenue devant ses officiers et ses soldats, Ménès la pressa dans ses bras.

— Je croyais que l'escorte s'arrêtait à This, haleta-t-elle.

— Si une hirondelle a pris le risque d'aller surprendre Chechoup au milieu de ses hommes, un futur roi peut bien s'enhardir à défier un peu les dieux.

— Ce qui signifie que tu places ta Thouyi au-dessus de la loi de Maât ! conclut-elle, les yeux brillants. Tu venais me chercher, n'est-ce pas ?

— Oui. J'avais vraiment très peur pour toi.

La jeune fille le mit rapidement au courant des projets du roi de Bouto. Le prince resta interdit lorsqu'elle lui révéla l'identité de l'avaleur d'ombres. Elle lui montra une des flèches rouges pour confirmer ses dires.

— C'est incroyable, répéta Ménès plusieurs fois, tournant et retournant l'objet entre ses doigts.

— Tu continueras à t'étonner plus tard, l'ennemi peut surgir d'un jour à l'autre par cette même gorge.

Ménès réunit son cercle d'officiers pendant que les soldats établissaient le campement.

Le vieux Nechutis s'accroupit, traça le cours du Nil sur le sol, avec son doigt. Il plaça Akhmim, Saouti. De Saouti il fit partir un cours d'eau qui, s'écartant du fleuve par le nord- ouest, remontait vers le lac Qaroun*.

— Cette région est couverte de forêts, apprit-il. Quand le Nil est en crue, ses eaux s'engouf-

* Le lac Moeris, dans l'oasis du Fayoum.

frent dans ce canal naturel et alimentent le lac. Pourquoi ne pas aider le fleuve à se déverser aussi dans cette longue et étroite dépression qui va d'ici à Saouti ? En dégageant la terre et en creusant un chenal entre le Nil et la ravine, nous transformerions la gorge en canal. Ainsi nous piégerions Chechoup et ses soldats, qui périraient noyés.

Le vieil officier se releva. Les autres restèrent un moment à étudier le plan, hochant la tête.

— Combien faut-il de temps pour ouvrir un chenal jusqu'à la ravine ? demanda Ménès.

Hotep compta quatre à cinq jours.

— C'est trop long, intervint Thouyi. Dans deux ou trois jours au plus tard, Chechoup surgira sous notre nez.

— Mettons la garnison et tous les habitants d'Akhmim au travail avec nous ! proposa un officier. En unissant nos efforts, nous devrions réussir à temps.

L'idée fut adoptée.

— Même si Chechoup n'engage pas toutes ses troupes dans la gorge, ajouta Nechutis, la violence des eaux emportera son camp à Saouti.

Dans les deux jours qui suivirent, des milliers d'hommes se transformèrent en terrassiers pour relier la zone des crues à la ravine. Une flottille de bateaux de pêcheurs vint leur prêter main-forte, évacuant la terre dans des paniers. Les dos ruisselaient de sueur, le sol vibrait des ahans et du bruit métallique des pics, l'air était enfumé de poussière. Les femmes d'Akhmim et des villages proches fournissaient l'eau, les fruits et les légumes, complétant les réserves de guerre. Un réseau de sentinelles avait été établi jusque loin en aval d'Akhmim. Ces gardes avaient pour mission de ne laisser passer personne, ni bateau, ni âne, afin qu'aucun espion ne pût prévenir Chechoup. Ils étaient chargés en outre de relayer les espions et d'avertir immédiatement de l'approche de l'adversaire.

— Nous avançons bien, reconnut Ménès, mais il ne faut pas que l'eau s'écoule avant que l'ennemi n'apparaisse. Qu'il se doute du piège et tout est fichu.

Thouyi participait aux travaux, aidant à enlever les pierres que les hommes extrayaient à l'aide de leviers. Pendant ce temps le prince courait d'un endroit à un autre, écoutait les conseils, distribuait les ordres.

Nechutis s'approcha de Ménès en se grattant le menton.

— Il faut tailler les versants de façon plus abrupte, dit-il. Tels qu'ils sont là, on peut facilement les escalader pour se porter à l'abri.

— Bien ! Passe la consigne aux équipes qui sont ici ! Moi je remonte la chaîne pour l'annoncer à tous.

Des grappes d'hommes s'installèrent aussitôt sur les talus et firent tomber la terre par mottes entières, que d'autres dégageaient au fur et à mesure. Des cris soudains ! Une énorme masse de terre venait de s'écrouler, entraînant avec elle un groupe de terrassiers. Alertés, Ménès et quelques officiers vinrent se rendre compte des pertes et des dégâts.

— Une douzaine d'hommes ont été enterrés, expliqua le chef d'équipe en tremblant. Nous avons voulu aller plus vite en sapant la berge par en dessous. Mal nous en a pris, les malheureux sont déjà morts.

— Non seulement tu as joué la vie de tes hommes, mais cette montagne de terre empêchera désormais l'eau de s'écouler. Tu seras bastonné et privé de nourriture pendant trois jours, décréta Ménès ; de retour à Nekhen, tu fourniras à chacune des veuves des vêtements et une jarre d'huile en attendant que le juge prononce contre toi une peine encore plus sévère.

L'homme s'aplatit devant le prince, bredouillant des excuses, quand une sentinelle déboula au pas de course.

— Chechoup arrive ! Son armée ondule dans la ravine tel un long serpent.

La nouvelle abasourdit la troupe. Tous les regards se portèrent sur l'éboulis qui bouchait le passage.

— Nous sommes perdus, laissa échapper un homme.

Ménès perçut le découragement des siens. Tous ces efforts réduits à néant ! Sa fonction de chef de guerre l'amena à prendre une décision rapide.

— Que tous les Nubiens abandonnent leurs travaux et me rejoignent avec leurs arcs. Il faut stopper Chechoup le temps d'évacuer cette masse.

— Il va flairer le piège.

Ménès planta son regard dans celui de l'officier qui venait de parler.

— Avons-nous un autre choix ?

Hotep et Thouyi accoururent avec les archers.

— La paroi nous séparant du Nil est prête à céder, avertit Hotep.

Mais lorsqu'il découvrit la masse de l'éboulis, il fit la remarque amère que l'eau se trouverait stoppée dans sa course.

— Je vais faire déblayer cette terre, avertit Ménès. Pendant ce temps les Nubiens tenteront de contenir l'armée de Chechoup. Mais j'ai bien peur qu'une grande partie de nos archers ne périsse aussi quand le fleuve se déversera dans la ravine.

— J'ai une idée pour éviter de noyer les nôtres ! s'écria alors Thouyi. Avez-vous des cordes ?

Le chef des archers leva le bras. Tapis au fond de la dépression, les Nubiens encochèrent leurs flèches, tendirent les arcs. Il n'y eut d'abord qu'un lourd silence, puis des pierres roulèrent, heurtées par la troupe innombrable des guerriers qui s'éreintaient depuis deux jours et deux nuits dans les rocailles. Ils avançaient par rangs de cinq, lances et boucliers pendus à bout de bras, chargés de tout leur matériel de campagne.

Quand les archers de Ménès perçurent le son des voix, ils se découvrirent, décochèrent une nuée de flèches qui abattit les premiers rangs. Les hommes de Chechoup réagirent promptement : ils hérissèrent les boucliers devant eux et coururent sur l'adversaire au pas de charge.

Une seconde volée de flèches, tirées à ras du sol, faucha les jambes, fit culbuter les suivants sur ceux qui s'écroulaient. Le roi de Bouto commanda le repli de ses troupes, mais les Nubiens les talonnèrent. L'air siffla à nouveau, obligeant l'ennemi à reculer davantage.

Chechoup décida alors d'opposer ses archers aux Nubiens. Les deux camps établirent leurs positions à un jet de flèches l'un de l'autre, se prenant réciproquement pour cibles. Chechoup convoqua son état-major.

— Je croyais l'armée du Sud à This, gronda-t-il. Pourquoi nos espions ne nous ont-ils pas prévenus ?

— Il s'agit peut-être de la garnison d'Akhmim, hasarda un de ses officiers.

— Les Nubiens font partie des troupes royales. Ils nous sont bien inférieurs en nombre, aussi je compte sur vous pour les enfoncer.

— Cela nous coûtera trop d'hommes, dit un autre de ses officiers. Attendons qu'ils aient épuisé leurs flèches.

Chechoup refusa tout net.

— S'ils ont choisi de nous bloquer ici, c'est que le gros de leur armée n'est pas encore arrivé. Ils ont eu la même idée que nous en empruntant cette ravine, mais il faut les prendre de vitesse, et pour cela foncer sur eux sans nous soucier de nos pertes.

L'ordre passa d'une escouade à l'autre. Les guerriers se débarrassèrent de tout leur matériel, ne conservant que leurs armes. Au coup de trompe, ils s'élancèrent, hurlant à se briser la gorge, aussi bien pour effrayer les Nubiens que pour se donner du courage. C'est alors que la troupe de Hotep apparut sur le revers. Une pluie de lances tomba des hauteurs, cloua l'avant-garde au sol. Blessé à l'épaule, Chechoup criait pour retenir les hommes qui s'enfuyaient, les pressant de retourner à l'assaut. Les flèches nubiennes s'envolèrent à nouveau, ajoutant à la panique.

— Ils se sont collés contre les parois, annonça Hotep à Ménès. Ils sont hors d'atteinte de nos armes de jet, mais ils ne peuvent plus avancer.

— Il nous faut encore un peu de temps. Le fond sera bientôt dégagé.

L'attente se poursuivit, se bornant à un échange de flèches qui ricochaient sur les pierres ou se fichaient dans la terre. Les guerriers de Chechoup essayèrent de grimper le long des versants pour s'extraire de la gorge, mais les parois étaient si raides qu'ils durent y renoncer. Le roi de Bouto était dans une colère folle.

— Si nous ne passons pas à la prochaine attaque, je fais pendre un officier sur trois et décapiter un soldat sur dix, promit-il à ses généraux. Vous n'avez plus le choix ! Gonflez le cœur des troupes ! Faites courir les rangs serrés les uns derrière les autres, que les hommes de tête ne puissent ni s'arrêter ni refluer. Je ne veux plus d'une panique qui transforme ma charge en chaos !

Un instant plus tard, l'armée de Chechoup se précipitait sur les Nubiens. Un son de trompette éclata. Les archers décrochèrent, se sauvèrent en masse devant la ruée furieuse des assaillants. L'ardeur des poursuivants redoubla : ils se mirent à invectiver les fuyards, à faire tournoyer leurs haches et leurs épées au-dessus de leurs têtes. Des cordes dégringolèrent du sommet de la gorge. Les Nubiens s'agrippèrent aux cordes, commencèrent à grimper pendant que Hotep dirigeait un nouveau tir pour ralentir l'ennemi.

— Ils s'échappent ! cria un officier à Chechoup.

— Qu'importe ! rugit le roi. La voie est libre !

Un grondement puissant ébranla alors le sol. Une sorte de mugissement dont l'ampleur fit trembler les versants.

— Par Ouadjet..., lâcha Chechoup.

Ce furent ses dernières paroles. Une muraille liquide fondit sur lui, haute de plus de vingt coudées. Elle éventra, souleva, écrasa ses troupes sous d'énormes rouleaux, projetant de violentes éclaboussées d'écume tout le long de la ravine. Les guerriers furent emportés tels des fétus de paille, et il ne resta rien de la grande armée du Nord. Les flots se cabrèrent longtemps, cherchant leur niveau d'Akhmim à Saouti, puis ils s'apaisèrent, encore houleux mais se couvrant déjà d'une peau verte moirée de plis d'argent.

— Nous avons gagné ! s'écria Hotep. Nous avons gagné ! Gloire à Ménès-Narmer-Oudjat, le Maître des Deux Terres !

L'armée fit une telle ovation à son prince que Ménès ne tenta même pas de lui rappeler qu'il n'était pas encore couronné roi. Il se laissa griser par la victoire : il promit à ses soldats double ration de fèves et de bière, et assura une promotion rapide à l'ensemble de ses officiers.

— Moi, soupira le vieux Nechutis, je n'aspire qu'à une retraite heureuse à l'ombre de mon acacia.

Ménès s'approcha de Thouyi.

— Ton idée d'utiliser des cordes pour hisser

les archers était excellente. Je ne sais pas comment les Nubiens s'en seraient sortis autrement, coincés qu'ils étaient entre la ruée des eaux et l'armée ennemie.

— Tu distribues des largesses à tes hommes, mais qu'as-tu prévu pour récompenser une jeune fille ?

— Demande-moi tout ce que tu désires. J'exaucerai aussitôt ton souhait.

— N'est-ce pas à toi de trouver ce qui me causerait le plus de plaisir ?

Ménès réfléchit.

— J'ai beau me creuser la cervelle, je ne…

— Creuse ton cœur, tête d'oignon !

10. Le serpent de Nekhen

L'armée rentra à Nekhen, tambours grondant. Bien que les jours morts fussent loin d'être achevés, la population laissa éclater sa joie à l'annonce de la victoire. Les filles jetèrent des palmes et des fleurs dans les rues qu'empruntaient les soldats, traçant une allée multicolore jusqu'aux portes du palais. Conduites par leurs officiers, les troupes regagnèrent alors leurs casernements tandis que Ménès et Thouyi, les battants de bronze refermés derrière eux, se retrouvèrent dans une atmosphère de marbre et de silence endeuillé. Une odeur d'encens flottait dans tout le palais.

— Je crois que j'aurais mieux fait de m'enfuir, frissonna Thouyi. Je te préviens que je ne retournerai pas dans ma cage.

— Tu as contribué à sauver la Haute-Égypte. Le juge prononcera ton acquittement. Personne ne trouvera à redire que tu vives auprès de ma mère et moi.

— Au même titre que ta sœur Ahousi ? demanda-t-elle en appuyant sur le mot sœur.

Ménès la regarda en souriant. Il lui passa sa main sur le visage dans un geste d'une grande affection.

— Thouyi…

— Oui ?

Elle attendait. Il prit une profonde inspiration pour s'insuffler du courage, quand des pas résonnèrent sur les dalles du couloir. Deux prêtres se présentèrent, raides dans leur façon de saluer.

— La reine désapprouverait-elle ma conduite, pour avoir besoin de s'entourer de prêtres en plus de ses conseillers ? s'enquit Ménès. Je lui rapporte le trône de la Basse-Égypte.

— Nous ne transgressons pas la règle de Maât, nous, rétorqua l'un d'eux. Nous venons prier et déposer des offrandes tous les jours afin que les dieux accordent leur pardon pour ta faute. Dans vingt jours nous célébrerons ton couronnement. À ce moment tu pourras décider de la fête de la victoire, et nous chanterons tes louanges à travers le pays. D'ici là…

— D'ici là, va donc annoncer à la reine que l'escorte est rentrée, vieux babouin ! s'emporta Thouyi. Dis-lui aussi que Chéfi était l'avaleur d'ombres et qu'il nous a dévoilé le nom de son complice avant de mourir.

Le prêtre chercha dans les yeux du prince s'il devait se plier à cet ordre. Ménès opina.

Les deux hommes repartirent.

— Pourquoi avoir ajouté que nous savions qui était le traître ?

— Une idée ! Ça m'a pris comme ça ! Tu sais comme les prêtres sont bavards. Peut-être ces deux-là vont-ils laisser traîner leur langue dans les couloirs et dans les bureaux, et amener une réaction de la part du serpent.

— Il risque de nous empoisonner à notre tour, s'inquiéta Ménès.

— Il jugera sans doute plus prudent de s'enfuir. Oubiou connaît tous les dignitaires et les hauts fonctionnaires de la Cour : il lui sera facile de nous apprendre qui manque à l'appel. À mon avis, c'est quelqu'un qui tripote des recettes de cuisine ou de médecine.

Ménès la dévisagea d'un air admiratif.

— Tu es aussi rusée qu'Isis.

— Je sais, répondit-elle en se dandinant, les filles des dieux prennent parfois l'aspect de petites voleuses.

— Ménès ! s'écria la voix d'Ahousi dans leur dos.

Thouyi leva les yeux au plafond. « Allons bon, il ne manquait plus que cette grenouille ! »

Ménès estimait que sa mère mettait bien du temps à les recevoir. Se pouvait-il qu'elle fût à ce point en colère contre son fils qu'elle refusait de lui parler ? Ahousi babillait autour de lui, et Thouyi gardait un air renfrogné.

— J'aurais tant voulu t'accompagner pour te regarder combattre, minaudait Ahousi.

— Ce sont les soldats qui se battent, lui jeta l'hirondelle, les chefs se contentent de commander. Tu devrais le savoir, fille de général !

La réaction d'Ahousi fut immédiate.

— Toi ! Toi ! cracha-t-elle, je vais t'arracher les yeux !

— Je ne crois pas, répliqua Thouyi sur le même ton, parce que d'une simple pirouette magique, je peux te transformer en nénuphar et aller te planter dans la vase !

Les serviteurs qui passaient esquissèrent des sourires amusés. Ménès arrêta une jeune porteuse d'eau.

— Ma mère n'est pas dans ses appartements?

— Si, bien sûr, je l'ai servie il y a un instant.

Le prince prit un couloir latéral, les deux jeunes filles sur les talons. Ahousi voulut se pendre à son bras mais Ménès la repoussa.

— Il te faudra composer avec l'humeur de ton maître, jubila Thouyi. Une reine marche à côté du roi, elle ne s'accroche pas à lui. Regarde-moi, mes pas épousent les siens. Tu fais vraiment grue de basse-cour.

— Paix vous deux! gronda Ménès comme il arrivait aux appartements de Nef'eter.

Il interrogea les gardes à sa porte.

— La reine est-elle sortie?

Les hommes assurèrent que non.

— Elle est peut-être dans les jardins? supposa Ahousi.

— Ouvrez-nous! ordonna Ménès.

Une sentinelle poussa la porte, s'écarta pour les laisser entrer. La première pièce était habillée de tentures, d'une table et de quelques fauteuils. Ils pénétrèrent dans la seconde, découvrirent la cruche d'eau à laquelle la reine n'avait pas touché. Le mobilier était plus cossu, et un système d'éventails aérait le salon en permanence. Ménès appela la reine.

— Ce silence est anormal, remarqua-t-il, une

pointe d'angoisse dans la voix. Allons voir plus loin.

Lorsqu'ils pénétrèrent dans le bureau de travail, ils découvrirent une femme allongée sur le sol.

— C'est Taha, sa dame de compagnie ! s'écria le prince en s'agenouillant près d'elle.

Il colla son oreille contre sa poitrine.

— Elle vit. Elle a été assommée. Mais qu'est-ce qui s'est passé ici?

Ahousi courut chercher de l'aide. Thouyi observa la pièce. Des chaises renversées témoignaient d'une courte lutte. Un morceau de rideau pendait devant la porte de la terrasse, comme si on l'avait déchiré en tentant de s'y retenir. La jeune fille sortit.

— Il y a des gardes devant la porte mais pas au pied de la terrasse? s'étonna-t-elle.

— Bien sûr que si!

— Alors où sont-ils?

Thouyi marcha sur quelque chose qui crissa sous son pied; elle se baissa, ramassa un petit pendentif en turquoise représentant l'œil d'Horus.

— Mais... c'est mon amulette! Je la reconnais bien, ta mère me l'avait donnée, ajouta-t-elle en la montrant à Ménès. C'est cette même amulette que j'ai laissée dans les mains d'Antaref et...

Ils s'exclamèrent ensemble :

— Et qu'Oubiou a gardée !

— Alors c'est lui le traître, l'empoisonneur, le maître de l'avaleur d'ombres ! s'étrangla Thouyi. C'est lui qui a déplacé les gardes pour pouvoir s'introduire par l'arrière.

— Oubiou, c'est impensable ! Oubiou l'assassin de mon père !... Mais pourquoi ?

— Chechoup l'aurait nommé vice-roi de Haute-Égypte, répondit l'hirondelle. Je l'ai appris sous sa tente, à Saouti. Et comme la Haute-Égypte possède des mines d'or, Oubiou aurait bénéficié en même temps de la puissance et de la richesse.

Ménès porta les mains à son front.

— Je comprends beaucoup de choses à présent : rappelle-toi ces pêcheurs qui nous avaient affirmé que leurs plaintes ne remontaient jamais jusqu'à mon père*. Oubiou tentait déjà de couper le peuple de son roi. Il avait en outre toute facilité pour se procurer ou faire fabriquer les drogues et les poisons, sous

* Voir *L'œil d'Horus*.

quelque prétexte que ce soit. Tous lui obéissaient et il avait ses entrées partout.

— C'est lui qui a manigancé l'attaque avec le Libyen. Nous aurions dû tous périr à Dendérah.

— Tu as raison. Oubiou avait insisté auprès de mon père pour que le général Afar soit de l'expédition. C'était une façon de priver l'armée du roi de son haut commandement.

Thouyi reprit :

— Je suis certaine qu'Oubiou a étranglé Manoû la Nubienne de peur qu'elle ne dévoile que c'était lui-même qui avait été porter à boire à la sentinelle en faction devant la chambre de ton père.

— Bien sûr, appuya Ménès. Il l'aura envoyée ailleurs pendant ce temps, pour un motif quelconque. Et il est entré ensuite dans la chambre du roi pour achever son œuvre de mort.

— Il a perdu mon amulette en luttant avec ta mère pour l'entraîner. Ils ne doivent pas être loin.

Le prince battit le rappel de tous les jardiniers et servantes qui vaquaient à leurs tâches dans les jardins. Il leur ordonna d'arrêter Oubiou par tous les moyens possibles, mais de ne pas mettre en danger la vie de la reine. Il fit fermer les portes du palais, dépêcha des gardes autour de l'enceinte afin d'empêcher toute fuite vers la ville.

Après l'ambiance feutrée des jours morts, le palais connut une vague d'excitation : des cris éclataient de tous côtés, des portes claquaient, hommes et femmes couraient des cuisines aux celliers, traversaient d'innombrables salles… Certains ne savaient même pas qui ils devaient chercher. D'autres voyaient Oubiou dans chaque pièce, derrière chaque colonne, dans chaque balancée de feuillage.

Une voix domina enfin.

— Il est là ! Il est là !

La cohue se pressa dans les jardins. Oubiou était là, en effet, acculé à l'extrémité d'un long balcon. Les gens aux fenêtres le huaient, le menaçaient du poing. Des gardes avaient dégainé leur harpé mais ils n'osaient pas approcher : Oubiou maintenait la reine devant lui, un poignard posé sur sa gorge.

— Reculez ! ordonna Ménès.

Les hommes en armes firent refluer tout le monde, les têtes disparurent des fenêtres.

Ménès et Thouyi s'avancèrent.

— Tu ne peux pas t'enfuir, dit le prince.

Oubiou ne répondit pas. Il regardait, alignée

devant les haies de citronniers et de perséas, la foule des fonctionnaires, des serviteurs, des danseuses, des musiciennes, des gens d'armes qu'il avait commandée.

— Retournez à vos travaux ! cria-t-il.

Personne ne bougea. Il comprit à ce moment qu'il n'était plus rien.

— Laissez-moi passer ! répéta-t-il.

— Pour aller où ?

— Je... Je... Chéfi n'aurait pas dû parler. J'ai croisé les deux prêtres, ils m'ont délivré le message, croyant bien faire. Je me suis senti perdu, j'ai éloigné les gardes, je suis entré chez la reine par la terrasse... Je n'avais pas d'autre manière de me protéger.

Oubiou parlait si bas que Ménès avait l'impression qu'il s'adressait à lui-même, qu'il revivait la scène pour essayer d'en changer le cours. Thouyi faisait mine de se gratter la cuisse mais elle détachait sa fronde, imperceptiblement, du bout de ses doigts agiles. Elle avisa à ce moment une silhouette sur le toit en terrasse, à la verticale du balcon. Ménès l'aperçut également.

— C'est Ahousi, murmura Thouyi de façon à n'être entendue que de Ménès. Captons l'attention du crâne d'œuf et évitons de regarder au-dessus de lui.

— Si tu as blessé ma mère, je…

— Tu n'as pas autre chose à lui chanter ? grinça la jeune fille. Il faut le perturber.

Elle éleva la voix.

— Oubiou 1er ! Oubiou 1er ! Je suis sûre que tu t'es souvent répété ce nom devant ton miroir, en t'imaginant coiffé de la haute couronne blanche. Je suis bien certaine aussi que tu aurais fait boire à Chechoup le même poison que tu as porté à ton roi Antaref. Mais ta petite tête aurait-elle supporté le poids de deux couronnes, toi que j'ai toujours connu courbé en deux, la nuque au niveau de la sandale de ton roi ? Tu jouais bien la comédie, sac à viande !

— Ma tête est solide, l'hirondelle, cracha Oubiou qui semblait avoir récupéré ses esprits. C'est moi qui prenais la plupart des décisions. Je les soufflais à l'oreille d'Antaref afin qu'il les proclame à haute voix et donne à toute la Cour l'illusion qu'elles venaient de lui.

— C'est faux ! dit Nef'eter. Tu n'as jamais commandé que le petit personnel. Le roi prenait seul ses décisions après l'avis de son conseil. Tu ne représentais qu'une voix parmi les autres.

Oubiou ignora la remarque.

— Je rêvais de conquêtes. Antaref, lui, hésitait à lancer la guerre contre Bouto, tout comme il hésitait à s'emparer de la Haute-Nubie et des territoires situés à l'ouest du désert libyen. C'est pour cela qu'il devait mourir ! Pour me laisser sa place !

— Tu étais toujours partisan de la paix, intervint Ménès.

Oubiou éclata d'un rire grinçant.

— En paroles seulement, pauvre petit prince, car je travaillais secrètement mes alliances avec les ennemis de la Haute-Égypte. Chechoup, seul, m'offrait une récompense à la mesure de mes ambitions. Le meurtre de son ambassadeur avait été décidé par lui, afin d'en faire retomber la responsabilité sur Antaref, et de servir de motif pour déclarer la guerre. Avec l'or de Nubie, j'aurais pu réunir une immense armée et me tailler un empire du Delta jusqu'aux sources du Nil. J'aurais été un second Osiris !

— Tu te trompes de dieu, reprit la reine. C'est Seth qui inspire les traîtres, pas…

Oubiou appuya plus fort sa lame sur la gorge de Nef'eter, pour la faire taire.

— Je comprends que tu en aies eu assez de t'aplatir devant Antaref, poursuivit Thouyi. Pourtant l'avaleur d'ombres ne t'a pas dénoncé, avoua-t-elle. Tu es tombé dans le piège. Tu aurais dû attendre, continuer à tenir ton rôle de grand ordonnateur de la Maison Royale. Et puis, surtout, tu n'aurais jamais dû conserver cela aussi longtemps sur toi.

Oubiou manqua étouffer. Il roulait des yeux fous, sa mâchoire tremblait.

— Conserver quoi ? chevrota-t-il.

— Ça ! dit Thouyi en ouvrant la main qui renfermait son amulette.

Oubiou se pencha instinctivement. C'était l'occasion qu'espérait Ahousi. Elle brandit une poterie, la projeta de toutes ses forces. Le vase frappa Oubiou à l'épaule, brisant sa clavicule. Il hurla, relâcha son étreinte. Nef'eter le bouscula. L'homme perdit son arme, paniqua, chercha à s'enfuir en passant d'un balcon à un autre. La fronde vrombit. Thouyi lança son projectile. L'œil d'Horus se ficha dans le cou du grand conseiller. Oubiou battit des bras, culbuta par-dessus la balustrade, et tomba dans le bassin des crocodiles.

11. Pharaon

L'embaumeur s'approcha du corps d'Antaref que ses assistants venaient de retirer du natron. Les soixante-dix jours d'assèchement étaient arrivés à leur terme. Après que le corps fut lavé, frotté de myrrhe et oint d'huile parfumée, l'embaumeur le rouvrit et le rembourra de toile de lin imbibée de résine, de lichen, de sciure, afin de lui redonner une apparence humaine. Affublé du masque d'Anubis, il se mit à réciter des litanies tout en entourant le mort de fines bandelettes imprégnées de gomme. Il commença par les doigts qu'il protégea dans des étuis d'or, poursuivit par les membres, puis enveloppa le corps dans trois linceuls très serrés. Enfin il termina par la tête. Il s'arrêtait parfois pour déposer entre les bandes des amulettes destinées à protéger le défunt dans son dernier voyage. La momie fut ensuite couchée dans un sarcophage en bois peint. L'embaumeur posa un masque d'or sur le visage d'Antaref, le revêtit de ses bijoux, et introduisit dans le cercueil un long rouleau de papyrus contenant des formules magiques et l'ensemble des prières que le roi devait réciter devant Osiris. Ses assistants l'aidèrent à refermer le couvercle. Ils installèrent le premier sarcophage dans un second recouvert de feuilles d'or, le scellèrent et allèrent l'adosser contre un mur, à côté du cercueil de l'ambassadeur Anoûm qui attendait d'être renvoyé à sa famille, dans le Delta.

La décrue avait commencé. Les paysans tentaient cependant de retarder le retrait des eaux pour conserver la boue noire qui humidifiait et fertilisait le sol. Ils fermaient les vannes des canaux, consolidaient les digues. Les rives s'étant effondrées, les terres ayant été balayées et toutes les bornes emportées, des tendeurs de corde et des scribes mesuraient les champs afin de déterminer les limites des propriétés de chacun.

— C'est la période des querelles, annonça Thouyi, accoudée à l'une des fenêtres du palais en compagnie de Ménès. Chaque fellah essaie de convaincre les arpenteurs que son terrain s'étendait au-delà de ce qu'on lui accorde.

— Et quand vient le moment de payer ses impôts en récoltes, il soutient haut et fort que la parcelle de son voisin déborde largement sur ce qu'on croit être la sienne.

Ahousi apparut derrière eux, à pas silencieux, dans l'espoir de les surprendre. Mais Thouyi avait l'ouïe fine. Elle se retourna, lança :

— Puisque te voilà, tu aurais pu nous apporter du jus de grenade.

— Je ne suis pas ta servante, l'hirondelle ! siffla la jeune fille en venant se coincer entre le prince et Thouyi.

Les trois jeunes gens regardèrent un instant l'effervescence qui régnait au bord du Nil. Des nuées d'oiseaux voletaient au-dessus de la zone des limons, cherchant leur pitance dans la vase.

— La ville ne te manque pas ? réattaqua Ahousi. Lorsqu'on a passé quinze ans de sa vie à courir pieds nus dans la fange et à côtoyer les âniers, les tanneurs, les pauvres filles et les brasseurs de bière, cela doit coller à la peau, non ?

Ménès s'apprêtait à lui répondre quand Thouyi le devança.

— C'est vrai que Nekhen est belle, et que sans elle il n'y aurait pas de palais. C'est vrai que ça grouille de petites existences dans ses rues : on y pétrit la pâte qui fait le pain des rois, on y engraisse les oies et les gazelles qui remplissent les tables des banquets, on y mêle la sueur à la fonte de l'or pour créer ces bijoux qui ornent ton joli cou. C'est vrai qu'on s'y bat, qu'on y meurt et que toute cette vie chaude colle à la peau autant que les rayons de Râ. Mais dans ce palais aussi on grogne, on complote, on se querelle, on se mange le nez, on cache des nœuds de vipères sous les draps. On se pavane en robe de lin très fin, pourtant le cœur bat dessous de la même manière que lorsque la poitrine va nue. Et qu'elles soient royales ou paysannes, quand tu t'assois, chère Ahousi, c'est toujours sur des fesses ! termina l'hirondelle en les lui pinçant. Alors ne viens pas me dire où est ma place !

Ahousi tressaillit mais elle ne pipa mot. Bouillant d'une colère contenue, elle se força à respirer lentement.

— Tiens, voilà Hotep ! s'exclama Ménès en apercevant le jeune homme dans une allée. S'il a choisi de passer par les jardins, c'est que l'affaire qui l'amène n'a rien d'officiel.

— S'il compte décrocher le sourire d'une fleur aujourd'hui, il fera bien de mettre toute sa patience au service de son cœur, souligna Thouyi.

— Peuh ! cracha Ahousi avec un mouvement d'épaules. Je préfère encore aller parler aux crocodiles.

Hissé sur un traîneau en forme de barque et recouvert de palmes, tiré par deux bœufs richement harnachés, le sarcophage contenant la momie royale glissa jusqu'à un petit lac sacré qui communiquait avec le Nil. Suivaient la famille et les grands dignitaires de la Cour.

Une foule nombreuse était massée sur la rive ; des pleureuses se lamentaient en se versant de la poussière sur les cheveux. Le grand prêtre d'Horus, une peau de léopard jetée sur les épaules, réclama le silence et commença à mettre le mort en jugement. Il évoqua la jeunesse d'Antaref, ses bêtises de gamin, ce qui fit rire et applaudir le peuple qui trouvait que, somme toute, un enfant de roi ne se distinguait guère d'un enfant de fellah.

— Les rois ne devraient jamais grandir, souffla Thouyi à l'oreille de Ménès.

Quand le prêtre énonça les vertus, la tolérance, la bonté du roi de Nekhen, les courtisans approuvèrent par des acclamations, mais un groupe de pêcheurs souleva un murmure de réprobation. Nef'eter frissonna. Si les plaintes de ces gens s'avéraient très graves, la famille royale encourrait une terrible disgrâce : non seulement la mémoire du défunt en serait entachée, mais son inhumation risquait d'être refusée par le prêtre. L'un des pêcheurs parla.

— Bien des fois, nous avons envoyé au palais des hommes de notre village pour nous plaindre des dégâts provoqués par les crocodiles. Le roi ne les a jamais reçus. Nous ne pouvions plus nous éloigner de la rive sans craindre d'être attaqués par ces monstres. Combien d'entre nous ont perdu un parent, une jambe, un bras ! poursuivit-il en se tournant vers les siens.

Des gémissements l'appuyèrent. Le bonhomme reprit :

— Alors...

— Alors je suis venu* ! le coupa Ménès. Me reconnais-tu ? J'ai dormi dans l'appentis où tu ranges les chaumes. J'ai partagé ton maigre repas, ta femme cuisait des racines et des tiges de joncs sous la cendre. Je me suis battu avec toi contre les crocodiles. Cette fille était à mes

* Voir *L'œil d'Horus*.

côtés, précisa le prince en désignant Thouyi. T'en souviens-tu ?

— Je me rappelle qu'un garçon mou et une grande sauterelle sont allés à la rencontre de Sobek…

— C'était nous deux ! Et nous l'avons vaincu ! cria Ménès pour étouffer les ricanements. Sachant cela, veux-tu salir la mémoire d'un souverain à cause d'une faute commise par son conseiller ? Car c'est Oubiou qui a refusé d'introduire les plaignants auprès de mon père !

— Non, non, se radoucit le pêcheur. Je ne savais pas que le roi avait envoyé son fils pour nous sauver. Gloire à Antaref ! Gloire à sa famille ! s'exclama-t-il en incitant les siens à l'imiter.

Une formidable ovation jaillit de toutes les poitrines. La reine jeta à son fils un regard reconnaissant. La momie était autorisée à entreprendre son voyage jusqu'à Abdjou. La barque funéraire voguait sur un miroir poli. Le fleuve avait retrouvé son bleu de lapis-lazuli, les roseaux frangeaient ce qui restait de berges et servaient de nichoirs à quantité d'oiseaux. À l'avant de la barque, le grand prêtre d'Horus brûlait de l'encens et versait des libations. Deux jeunes femmes personnifiant les déesses Isis et

Nephtys se tenaient de chaque côté du sarcophage, une main posée sur lui en signe de protection. À l'arrière, des pleureuses se tordaient de douleur, se griffaient la poitrine, s'arrachaient les cheveux… La flottille royale naviguait dans son sillage, excitant la curiosité de la population. Des hommes se redressaient, arrêtaient un instant de travailler sur le limon, des femmes cessaient de battre leur linge pour suivre des yeux la lente procession et ajouter leurs lamentations à celles des pleureuses.

À l'approche d'Abdjou, les barques s'engagèrent sur un canal qui les mena à un débarcadère où les attendaient des prêtres et des prêtresses tout habillés de blanc, à l'image du dieu Osiris. Le sarcophage fut installé sur un nouveau traîneau attelé à des bœufs blancs, puis le cortège s'ébranla vers l'ouest.

La nécropole était située sur une petite colline entourée par quatre buttes plus imposantes. Le tombeau du roi, construit en briques, avait une forme massive*. Deux prêtres redressèrent le sarcophage, puis le grand prêtre d'Osiris pratiqua le rituel de l'ouverture de la bouche, censé

* Ces tombeaux seront appelés plus tard des mastabas.

rendre au mort l'usage de ses organes et permettre au ka de retourner dans son corps. Après quoi, le sarcophage fut descendu dans son caveau par un long puits d'accès. Une file de serviteurs apporta les objets personnels du roi, de son mobilier jusqu'à ses sandales, et les entreposa dans une salle funéraire. Deux pièces avaient été aménagées en surface : une chapelle orientée vers l'est, et le serdab, à l'ouest, constitué d'un réduit fermé visible seulement par une petite ouverture, et contenant la statue du défunt. Nef'eter et Ménès pénétrèrent seuls dans la chapelle. Ils déposèrent des offrandes alimentaires sur une table de pierre devant un simulacre de porte. Ainsi le mort pouvait la traverser pour bénéficier de la nourriture.

Lorsqu'ils ressortirent, des ouvriers avaient déjà commencé à combler le puits d'accès. Le cortège se rendit ensuite dans le temple d'Osiris. Ahousi marchait à côté de Thouyi, derrière la famille royale. Depuis qu'elle était arrivée à Abdjou, Ahousi éprouvait un étrange malaise qui s'intensifia lorsqu'elle traversa le temple. Les battements de son cœur s'accélérèrent, sa respiration devint plus saccadée. Elle sentit la présence de sa mère, mais loin de s'en réjouir, la jeune fille la perçut comme une menace. «Je suis folle, se dit-elle, c'est l'atmosphère écrasante de cette salle qui me trouble.» Ahousi tourna pourtant la tête, cherchant le visage de sa mère au milieu des servantes d'Osiris qui, rangées en deux files au pied des colonnes, agitaient des palmes au passage de la procession. Le cortège s'arrêta dans la première cour : c'était un grand espace entouré d'un péristyle*, au centre duquel des stèles avaient été érigées. Des prêtres apportèrent une nouvelle stèle symbolisant le roi Antaref. Ils la fichèrent dans le sol devant les autres. La reine et Ménès prirent les sistres magiques qu'on leur tendait, et ils allèrent les secouer autour de la stèle afin de chasser les maléfices et d'attirer la protection d'Osiris sur le défunt.

Ahousi avait hâte de quitter l'endroit : sa mère était retenue dans ce temple, et la jeune fille n'arrivait pas à se défaire de cette impression d'un danger imminent. Thouyi s'écarta du groupe pour aller admirer l'Osiris peint sur un linteau. C'est alors que Dame Nemorit

* Galerie formée par plusieurs rangs de colonnes disposées autour d'une cour ou à l'extérieur d'un édifice.

bondit. Elle surgit de derrière un pilier et courut sur Thouyi, une longue broche à la main.

— Non ! s'écria Ahousi.

L'hirondelle se retourna. La femme était sur elle. Nemorit saisit Thouyi à la gorge, leva le bras pour la percer de son arme.

— Tu n'auras pas le trône ! ragea-t-elle, les lèvres retroussées dans une grimace de haine.

Sa main s'abattit, frappa l'épaule d'Ahousi venue se jeter entre elles. Lorsqu'elle vit sa fille s'écrouler, son vêtement taché de sang, Dame Nemorit lâcha sa broche, se prit la tête dans les mains, la bouche ouverte sur un hurlement qui n'arrivait pas à sortir. Des prêtres la ceinturèrent. Accroupie près d'Ahousi, Thouyi étudiait sa blessure.

— Ce n'est pas très grave, diagnostiqua-t-elle, je saurai te guérir rapidement.

Nef'eter jeta un regard furieux à Nemorit.

— Tu as voulu porter la mort dans le temple d'Osiris. C'est un crime impardonnable ! Tu seras condamnée à la pendaison.

— J'implorerai la clémence du juge, dit Thouyi en aidant Ahousi à se relever. Je ne veux pas qu'Ahousi pleure sa mère à cause de moi, ni que son cœur se soulève à la seule évocation de mon nom. J'ai moi-même perdu mes parents, et aucune joie ne peut combler le vide de leur absence. Mon père était voleur, ta mère presque avaleuse d'ombres, reprit-elle en s'adressant à Ahousi, quelque part nous sommes un peu sœurs.

— Tu parles avec la sagesse d'une reine, reconnut Nef'eter.

L'hirondelle embrassa Ahousi sur la joue.

— Je ne te demande rien, se défendit la jeune fille avant d'éclater en sanglots.

Ménès était assis en majesté sur le trône d'Osiris, seul dans le sanctuaire. Vêtu de sa shendjit* à laquelle pendait une queue de taureau, il avait attaché une barbe postiche sous son menton et tenait les bras croisés devant sa poitrine. Dans la main droite il serrait le fouet nekhekh, emblème d'autorité et de divinité, dans la gauche le sceptre heqa en forme de crosse, insigne de la royauté.

La pièce était sombre, silencieuse, noyée dans les vapeurs d'encens. Ménès avait les yeux fixés sur la statue d'Osiris taillée d'un seul bloc dans du granite rose et adossée au mur en face de lui. L'attente se prolongea sans qu'aucun bruit

* Le pagne plissé.

ne lui parvînt de l'extérieur. Rigide, le dos droit, il avait l'impression de devenir lui-même de marbre.

Les pierres crissèrent tout à coup, les murs s'enveloppèrent d'un brouillard, comme s'ils s'estompaient. Ménès crut que le temple se mettait à bouger et il se cala sur son siège. La statue changea de couleur, vira au blanc ; ses yeux brillèrent, et la voix grave et profonde d'Osiris retentit de tous les côtés à la fois.

— C'est toi le protégé d'Horus.

Ce n'était pas une question. Ménès fit un signe de tête, trop intimidé pour parler. Alors le dieu Seth apparut par le Nord. Ses yeux rouges s'abaissèrent sur Ménès, le fouillèrent en faisant naître en lui la terreur et l'effroi. Horus arriva par le Sud, la tête couverte de plumes d'or. Sa venue fit pousser à Ménès un soupir de soulagement

— Tu dois craindre les dieux, poursuivit Osiris, mais aussi leur accorder ta confiance.

Horus portait une brassée de joncs, son oncle Seth une gerbe de roseaux. Ils les lièrent ensemble, symbolisant ainsi l'union de la Haute et de la Basse-Égypte.

Seth s'approcha ensuite de Ménès et le coiffa

de la mitre rouge de Basse-Égypte. À son tour, Horus emboîta le casque blanc de Haute-Égypte dans la première couronne.

— Par le pschent*, te voilà Maître des Deux Terres, commenta Osiris. Tu auras désormais le titre de Pharaon qui, dans la langue des dieux, signifie « Les Deux Puissantes Maisons ». Va maintenant, Pharaon Ménès-Narmer-Oudjat, les hommes te réclament !

* La double couronne.

Épilogue. La parole de Thouyi

Depuis son sacre, Ménès ordonnait à tout le royaume, pourtant il ne savait toujours pas comment ouvrir son cœur à l'hirondelle. Il la rejoignait parfois sur un des bancs du jardin et partageait avec elle quelques instants de détente.

— Je ne resterai pas à Ṇekhen, lui avoua-t-il un soir. La ville est trop éloignée du Nord, et je crains que les princes du Delta ne profitent de leur isolement pour agir un jour à leur guise. J'ai l'intention d'établir ma capitale à This. J'envisage aussi de bâtir une ville nouvelle* à la charnière du Delta. En la dotant

* Memphis.

d'une solide garnison et de fonctionnaires dévoués, j'aurai le contrôle absolu sur la totalité des Deux Terres.

— Tu ne manques ni de projets ni d'ambition, Pharaon Menî.

— Il me manque le plus important : une reine.

La jeune fille se pencha, montra Ahousi accoudée à sa fenêtre.

— Elle est jolie, assura Thouyi, elle porte bien la perruque et saura à coup sûr endormir la méfiance de bon nombre d'ambassadeurs.

— J'ai remarqué que Hotep passait plus de temps dans les jardins qu'au milieu de ses soldats. C'est toi qu'il vient voir si souvent ?

— Évidemment, rétorqua Thouyi sur un petit ton mutin, puisque personne d'autre ne se soucie de moi.

Ménès la prit par une épaule, l'amena tendrement contre lui.

— Veux-tu être ma reine ? demanda-t-il.

Thouyi ferma les yeux. Lorsqu'elle les rouvrit, sa tête reposait contre la poitrine du jeune roi.

— Ahousi attend Hotep, reprit-elle. Il lui faudra encore un peu de temps pour t'oublier et s'épanouir pleinement avec lui, mais son cœur guérira au même titre que son épaule.

— Hotep deviendra gouverneur de Nekhen

quand j'installerai la Cour à This. Ahousi pourra ainsi s'asseoir à ses côtés dans la salle du trône, tel qu'elle l'a toujours rêvé. Mais tu ne m'as pas répondu.

Thouyi lui passa les bras autour du cou.

— Laisse-moi redevenir l'hirondelle cette nuit. À l'aube, si tes gardes ne m'ont pas assommée, je serai prête à endosser la peau de la Grande Épouse Royale, mon Menî…

Natsi le boulanger et Satni le boucher s'apprêtaient à débarrasser la rue de leurs étals.

— Il me reste un pain rond farci d'une poche de miel.

— À moi un beau cuissot de gazelle mordoré à souhait. Partageons cette soirée comme de vieux amis !

Ils étendirent une natte sur le sol, puis chacun apporta son mets.

— Quelle paix depuis que l'hirondelle est retenue au palais ! confessa Natsi.

— C'est vrai, je peux enfin étaler mes oies rôties sans la crainte de les voir s'envoler.

Ils voulurent porter les morceaux à la bouche mais mordirent dans le vide. Thouyi était passée entre eux telle une coulée de vent, emportant le pain et le cuissot.

— Ayayaye ! s’écrièrent-ils en chœur. L’hirondelle est revenue !

— Ainsi, dit Thouyi du haut de ses quinze ans, chacun saura bientôt qu’une reine peut conserver son cœur d’oiseau.

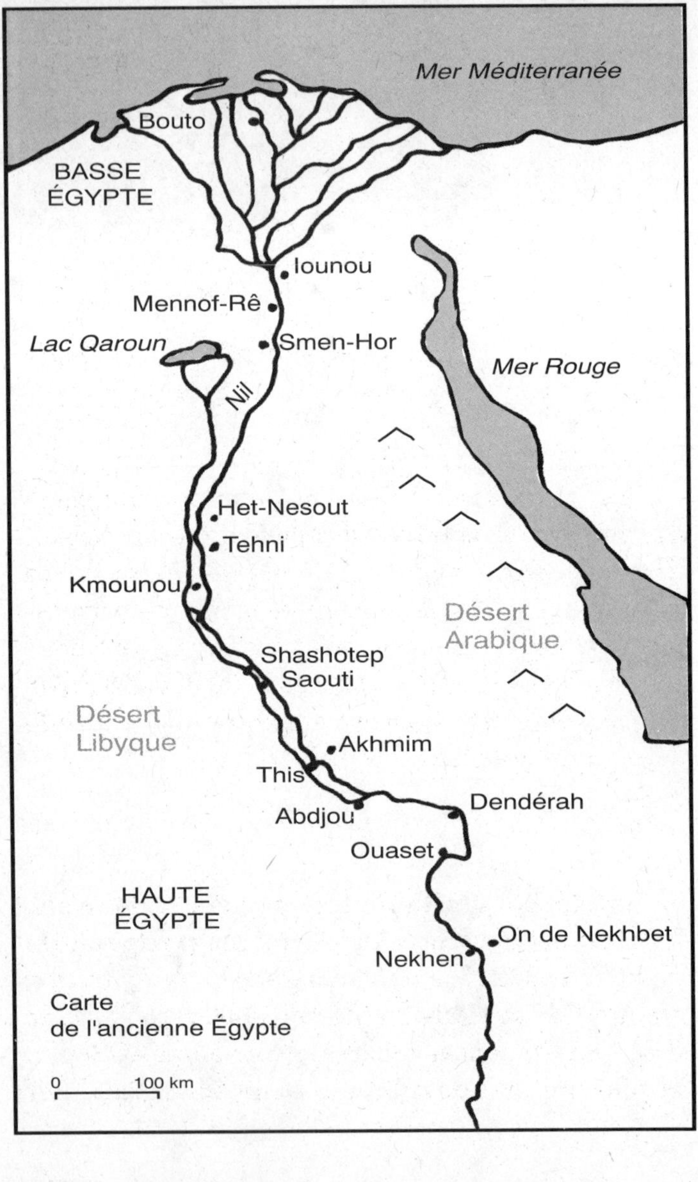

Carte
de l'ancienne Égypte

Le premier pharaon

Les historiens ont coutume de faire commencer l'histoire de l'Égypte avec le premier Pharaon Ménès. Un nom *Men*, origine de Ménès, se trouve bel et bien attesté sur les documents de la première dynastie, mais tout à la fois portant sur le roi Narmer et sur le roi Aha. Ces deux pharaons du début du troisième millénaire peuvent donc prétendre être le légendaire Ménès.

***

Devenu roi de Haute-Égypte vers 3000 avant J.-C., le roi Ménès décida de déplacer sa capitale de Nekhen à This, donnant naissance aux dynasties thinites (Ire et IIe dynasties : de 3000 à 2650 avant J.-C.). Profitant de la faiblesse du royaume de Bouto, et sous prétexte de libérer le Delta de la grave menace des peuples de l'Asie Occidentale, Ménès envahit la Basse-Égypte. Chaque foyer de résistance fut noyé dans le sang, la très ancienne ville de Mendès détruite. La ville de Métellis tenta de prendre la tête de la rébellion, mais Ménès la conquit, la démantela et fit décapiter les dix notables les plus importants. Après avoir perdu tous ses frères dans cette guerre, Ménès devint le réunificateur sanglant de l'Égypte. Il ceignit le pschent – la double couronne – et porta le premier le titre de Pharaon, c'est à dire le Maître des Deux Terres. En se proclamant le descendant d'Horus, il s'auréola d'une origine divine dont profitèrent tous les souverains d'Égypte pendant trois mille ans.

Durant son règne, Abydos devint la ville sacrée d'Osiris et le siège du Chancelier de la Basse-Égypte et des Dix Conseillers de la Haute-Égypte. Ménès conduisit plusieurs guerres contre les Nubiens (au sud) et les Libyens(à l'ouest), et il développa des échanges commerciaux avec les régions du Proche-Orient. Grand législateur, il fut à l'origine de la rédaction d'annales royales.

C'était aussi un grand bâtisseur : afin de contrôler le Nord, ce qui lui aurait été impossible à partir de This, il fonda la ville de Mennof-Rê

(Memphis) à l'entrée de la Basse-Égypte. Ménès y fit édifier une citadelle et le temple de Ptah. Il dota Mennof-Rê d'une enceinte en calcaire destinée à la protéger des crues du Nil, ce qui valut à la ville son nom de « Mur Blanc ».

Dans le domaine de l'art, Ménès donna à son peuple le goût du beau, même dans la confection des objets quotidiens tels les récipients. Il fut enterré à Nagadah (certains spécialistes penchent pour Abydos) dans la chambre souterraine d'un mastaba, après avoir été tué par un hippopotame au cours d'une chasse.

***

Une tablette d'ardoise dite « palette de Narmer » a été découverte à Nekhen (ou Hiérakonpolis) à la fin du XIXe siècle. Actuellement conservée au Musée du Caire, cette palette est un document-clef de la période archaïque. Sur l'endroit, le roi coiffé de la couronne blanche de Haute-Égypte frappe avec une massue un ennemi du Delta agenouillé devant lui. En face, un faucon dénombre six chevilles, c'est-à-dire six mille ennemis tués. Derrière le roi se tient son porte-sandales ; la partie supérieure contient le nom du roi, dans un cartouche encadré par deux têtes de vache représentant la déesse Hathor. Sur le revers, le roi portant la couronne rouge de Basse-

Égypte, précédé de ses porte-enseignes, inspecte les morts sur le champ de bataille. Dans la partie inférieure, on découvre deux girafes, leurs cous entrelacés (symboles de l'union entre les deux Égypte ?), et le Taureau (emblème de la puissance du roi) en train de démolir une ville (Mendès ou Métellis). On trouve sur cette palette de Narmer une écriture et un grand changement dans l'expression artistique : en effet, l'artiste y a déjà fixé le mode de représentation du corps humain auquel les Égyptiens resteront fidèles tout au long de leur histoire : la tête et les jambes de profil, et le buste de face pour mettre en valeur la largeur des épaules (sauf pour les figures féminines où les seins sont toujours dessinés de profil).

Une nature divine

Pharaon est à la fois dieu et roi humain. Souvent désigné par l'expression *neter nefer* (le dieu parfait), il est le fils charnel de Râ. En tant que roi, Pharaon est considéré comme le successeur légitime d'Horus, et le nom du roi est toujours précédé du titre d'Horus. C'est grâce à cette origine divine et au fait qu'un sang divin coule dans les veines de l'enfant royal –

garçon ou fille – que, à la différence des autres civilisations antiques, la reine égyptienne peut exercer la royauté ou transmettre les droits à la couronne à son époux quand il n'est pas l'héritier légitime.

Le garant de l'Ordre Universel

Pharaon est chargé d'assurer l'Ordre Universel conformément à la règle de Maât, déesse de la Vérité et de la Justice. Si l'Ordre, d'origine divine, vient à être perturbé, les forces du Chaos dirigées par Seth peuvent se déchaîner. Cet Ordre, immuable, comprend aussi bien les mouvements des astres, le retour périodique de la crue, indispensable à la vie de l'Égypte, que l'ordre social, les rapports entre les humains et leurs devoirs envers les dieux.

Un rôle religieux

Pharaon est, sur terre, le seul interlocuteur possible pour les dieux. Dans tous les temples, le culte se fait au nom de Pharaon et le clergé n'est que son délégué. Voilà pourquoi dans les scènes figurées des temples, c'est toujours le roi (ou la reine) qui est représenté en train d'accomplir le rituel divin. Pour pouvoir remplir ce rôle vital, Pharaon a besoin d'une force magique considérable. Cette puissance, il l'acquiert au cours de son sacre, pendant lequel se déroulent des scènes mettant en jeu Horus et Seth chargés de transmettre au nouveau roi les couronnes de la Haute et de la Basse-Égypte. Comme la puissance magique a tendance à s'atténuer avec le temps, une fête spéciale a lieu après trente ans de règne *(la fête Sed)* censée redonner à Pharaon la force nécessaire à la poursuite de sa fonction. Plusieurs *fêtes Sed* peuvent être célébrées, à intervalles plus courts, chaque fois que Pharaon éprouve le besoin de régénérer sa puissance.

Un rôle temporel

Pharaon accumule aussi sur sa personne tous les pouvoirs : administratif, judiciaire, militaire et religieux. Son palais est le centre administratif de l'Égypte toute entière. Cependant, s'il délègue ses pouvoirs à des fonctionnaires, notamment à ses vizirs (sortes de premiers ministres), il garde personnellement la conduite de ses armées.

Alain Surget

Renseignements tirés du Dictionnaire de l'Égypte ancienne (*Encyclopédie Universalis* – Albin Michel)

Table des matières

Alain Surget

L'auteur est né à Metz en 1948. Il commence à écrire dès l'âge de seize ans du théâtre et de la poésie. Instituteur, il continue des études à l'université, et devient professeur en 1977. Il se tourne alors vers le roman. Marié, père de trois enfants, il aime se déplacer dans toute la France à la rencontre de son public.

Il nous explique comment lui est venue l'idée de cette trilogie : « Depuis toujours, j'ai été fasciné par l'Égypte. Nulle part la présence des divinités n'est aussi forte, nulle part l'homme n'a pu se hisser au rang de dieu d'une façon aussi complète ni aussi durable.

« Mais j'avais envie d'une Égypte à moi, sans pyramides, sans chevaux et sans chars, j'avais envie d'une histoire où les dieux n'étaient pas encore saisis dans la pierre. Il me fallait des trous dans la vie de mon personnage, que je puisse les combler par mon imagination et lier entre eux les rares événements réels qui sont parvenus jusqu'à nous.

« Un seul roi correspondait à mes vues : Ménès. Suffisamment réel car on lui attribue l'unification de l'Égypte. Suffisamment flou car on le considère comme un roi légendaire, oscillant entre 3200 et 3000 avant J.-C.

« Or Ménès fut un jour un enfant : et c'est cette histoire-là qu'il m'a plu de raconter. »

Castor Poche, des livres pour toutes les envies de lire: pour ceux qui aiment les histoires d'hier et d'aujourd'hui, ici, mais aussi dans d'autres pays, voici une sélection de romans.

832 **Les insurgés de Sparte** **Senior**
par Christian de Montella
À Sparte, la loi impose de n'avoir que des enfants vigoureux. L'un des jumeaux de Parthénia est si frêle qu'elle le confie en secret à une esclave émancipée. Mais les deux frères vont se retrouver et s'affronter...

831 **Les disparus de Rocheblanche** **Junior**
par Florence Reynaud
Au IXème siècle, les habitants de l'Aquitaine vivent dans la terreur des vikings, qui saccagent les villages et enlèvent les enfants... Eglantine et son petit frère sont ainsi vendus comme esclaves.

830 **Chandra** **Senior**
par Mary Frances Hendry
À onze ans, Chandra est mariée, suivant la tradition indienne, à un jeune garçon qu'elle n'a jamais vu. Après leur rencontre, ce dernier meurt brutalement: Chandra est accusée de lui avoir porté malchance.

829 **Un chant sous la terre** **Junior**
par Florence Reynaud
Isabelle a douze ans et doit travailler à la mine pour aider sa famille. Mais elle a un don, sa voix fait frémir d'émotion quiconque l'entend chanter. Une terrible explosion bloque Isabelle dans la mine, son don pourra-t-il alors la sauver ?

828 **Léo Papillon** **Junior**
par Lukas Hartmann
Léo, huit ans, souffre de sa maladresse. Il aimerait être léger et beau comme un papillon. Son rêve consiste alors à s'enfermer dans un cocon de fils multicolores, en attendant la métamorphose...

827 La chance de ma vie **Senior**
par Richard Jennings
Quand on a douze ans, recueillir un lapin blessé semble bien naturel, voir banal. Pourtant, Orwell est plus qu'un animal... c'est une chance!

825 Temmi au Royaume de Glace **Junior**
par Stephen Elboz
Les soldats de la Reine du Froid ont enlevé Cush, un ourson volant qui vit dans la forêt près de chez Temmi. Temmi les suit au Château des Glaces, où toute chaleur est proscrite. Mais des insoumis organisent une rébellion.

824 Les maîtres du jeu **Senior**
par Roger Norman
Edward a douze ans. Il découvre chez son oncle un jeu de société qui renferme un mystérieux secret. Il se retrouve plongé dans un terrible engrenage, où le jeu et la réalité se rejoignent.

823 Akavak et deux récits esquimaux **Senior**
par James Houston
Akavak, Tikta'Liktak et Kungo l'archer blanc sont esquimaux. Dans l'univers rigoureux du grand Nord, ces héros doivent lutter pour survivre: découvrez leurs trois aventures au pays des icebergs...

821 Ali Baba, cheval détective **Junior**
par Gisela Kaütz
Pendant une représentation du cirque Tenner, quelqu'un a dépouillé les spectateurs de leurs portefeuilles. Sarah, la fille du directeur, découvre le butin caché dans le box de son cheval Ali Baba. L'enquête est ouverte...

820 L'étalon des mers **Senior**
par Alain Surget
Leif et son père Erick, bannis de leur village de vikings, embarquent sur un drakkar avec Sleipnir, leur magnifique étalon. Leur voyage les conduit d'abord au Groenland, où ils font la connaissance des Inuits.

819 Mon cheval, ma liberté **Junior**
par Métantropo
Aux Etats-Unis en 1861, la guerre de Sécession fait rage. Amidou, jeune esclave noir, s'occupe des chevaux d'une plantation. Lui seul peut approcher Stormy, le fougueux étalon, ce qui déclenche la jalousie du fils aîné.

818 Une jument dans la guerre **Senior**
par Daniel Vaxelaire
Pierre, fils de paysan dans la France napoléonienne, rêve de devenir un héros. Il part rejoindre les troupes de l'Empereur qui se battent en Italie. Le chemin n'est pas sans danger mais le destin met sur sa route une jument qu'il adopte et baptise... Fraternité.

817 Pianissimo, Violette! **Senior**
par Ella Balaert
Violette a dix ans et vient de déménager. Elle se fait bien à sa nouvelle vie. Le seul problème, c'est son professeur de piano : "Le Hibou" lui mène la vie dure et pourtant Violette s'applique !

816 Pas de panique! **Senior**
par David Hill
Rob adore les randonnées en haute montagne. Il est loin d'imaginer qu'il va falloir assurer pour six ! Car le guide de son groupe meurt brutalement... facile de dire "pas de panique" dans ces conditions.

815 Plongeon de haut vol **Senior**
par Michael Cadnum
Bonnie pratique le plongeon de compétition. Un jour, elle se cogne la tête contre le plongeoir et depuis n'arrive plus à plonger. En plus, son père est accusé d'escroquerie…

814 Et tag! **Senior**
par Freddy Woets
Vincent a une passion : peindre, dessiner et surtout taguer. Mais le jour où Alma se moque de son dernier tag en le traitant de ringard, Vincent est profondément vexé…

810 Une rivale pour Louisa **Junior**
par Adèle Geras
Louisa déteste la nouvelle du cours de danse: elle est trop douée! Un chorégraphe vient recruter de jeunes danseurs : et s'il ne choisissait que Bernice? Heureusement, la chance et l'amitié triompheront de leur rivalité.

809 Louisa près des étoiles **Junior**
par Adèle Geras
Louisa rêve d'assister à une représentation de Coppélia, mais les billets sont chers, et de toute façon, il ne reste aucune place ! Heureusement, la chance lui sourit : Louisa va même pouvoir rencontrer les danseurs étoiles!

808 Le secret de Louisa **Junior**
par Adèle Geras
Tony, le nouveau voisin de Louisa, est doué pour la danse, mais il est persuadé que seules les mauviettes font des entrechats. Pour cultiver ce talent caché, la petite « graine de ballerine » a une idée en tête…

807 Les premiers chaussons de Louisa **Junior**

par Adèle Geras

Louisa en rêvait depuis des mois : à huit ans, elle enfile enfin ses premiers chaussons de danse! En attendant de faire une grande carrière, il faut travailler sans relâche pour le gala de fin d'année. Louisa deviendra-t-elle une vraie « graine de ballerine » ?

805 Ménès premier pharaon d'Egypte **Senior**

par Alain Surget

Héritier du trône, Ménès doit braver mille dangers pour prouver qu'il est digne du titre de premier pharaon d'Egypte. Saura-t-il affronter ses ennemis, et devenir le Maître des Deux Terres ?

804 Jalouses! **Senior**

par Christian de Montella

Comment Simon aurait-il pu deviner que sa copine de bac à sable était devenue une véritable top-model ? Comment aurait-il pu éviter la crise de jalousie de Véronique, sa petite amie ?

803 Baisse pas les bras papa! **Junior**

par Christine Féret-Fleury

Depuis que Papa est au chômage, les fous rires, c'est terminé ! Au menu : soupe à la grimace. Il n'y a plus qu'une solution : l'aider à retrouver du travail.

802 De S@cha à M@cha **Senior**

par Rachel Hausfater-Douieb et Yaël Hassan

Sacha envoie des emails, comme des bouteilles à la mer, à des adresses imaginaires. Jusqu'au jour où Macha lui répond. Une véritable @mitié va naître de leurs échanges.

801 Rendez-vous dans l'impasse **Senior**
par Kochka
« Une histoire d'amour dont vous êtes le héros » : c'est le sujet de la prochaine rédaction de Marie. Partie à la recherche de l'inspiration, Marie débouche dans une impasse, où elle aperçoit un garçon qui s'enfuit en la voyant...

800 La main du diable **Senior**
par John Morressy
Béran veut être jongleur itinérant. Mais sur les routes du Moyen-Age, le diable rôde aussi : un jour, il lui propose de devenir le plus grand jongleur du monde... en échange de son âme!

799 La révolte des Camisards **Junior**
par Bertrand Solet
1685: révocation de l'Edit de Nantes. Près d'Alès, Vincent, jeune drapier et rebelle protestant, est aimé de la belle Isabeau. Trahi par un ami jaloux, il s'engage aux côtés des « Camisards » pour défendre sa religion.

798 Louison et monsieur Molière **Senior**
par Marie-Christine Helgerson
Louison a dix ans quand Molière la choisit pour jouer dans sa dernière pièce. Et pas n'importe où ! À la Comédie Française, devant la cour du Roi Soleil...

797 Les gants disparus **Senior**
par Marie-Claude Huc
Millau, capitale du gant, fin 1918. Irène, quatorze ans, jeune ouvrière douée de la ganterie Palliès, est fière de son travail... Mais un vol vient semer le trouble dans la petite ville...

795 Je veux MON chien! Junior

par Colby Rodowsky

Ellie n'est pas contente, ce n'est pas un chien comme ça qu'elle voulait ! Depuis le temps qu'elle demandait à ses parents un petit chiot... elle se retrouve avec une espèce de vieux chien sans charme qui appartenait à sa grand-tante!

794 L'arche des Noé Junior

par Wendy Orr

M. et Mme Noé possèdent le plus grand et le plus merveilleux des magasins d'animaux. Ils l'ont appelé «l'arche des Noé». Leur bonheur serait complet... si seulement ils avaient des enfants! Or, le jour de ses sept ans, Sophie vient visiter leur magasin... Entre la petite fille et les Noé c'est le début d'une grande amitié.

793 Le dernier loup Senior

par Roland Smith

Tawupu, le grand-père de Jack, est retourné sur la terre de ses ancêtres, dans le désert de l'Arizona. Jack part l'y retrouver. Là-bas, l'inquiétude monte : un loup rôde dans la région. Jack saura-t-il protéger l'animal alors qu'on organise sa mise à mort?

792 Quatre poules maboules Junior

par Robert Landa

Pour ne pas servir de dîner au fermier, Hugoline, Bruneheau, Rosette et la petite Prunelle, les quatre poules de la basse-cour, décident de s'enfuir. Elles se retrouvent au beau milieu d'une fête foraine: un tour de grande roue, un petit verre à la buvette, et nos quatre poules tournent maboules!

781 La princesse qui détestait les princes charmants **Junior**

par Paul Thiès

Il était une fois une princesse qui s'appelait Clémentine, et qui ne voulait pas épouser de prince charmant. Elle détestait carrément les princes charmants ! Elle n'avait qu'un rêve, transformer tous les garçons en grenouilles, sauf son ami Cabriole...

780 L'araignée magique **Junior**

par Nette Hilton

Jenny adore aller passer des vacances chez Violette-Anne, son arrière-grand-mère. Cette année, Jenny y découvre une invitée surprise : Pam, l'araignée à sept pattes. Cette araignée n'est pas ordinaire, et sa présence rappelle bien des souvenirs à Violette-Anne...

779 La fée Zoé **Junior**

par Linda Leopold Strauss

Qui a dit que les fées avaient des ailes et une baguette magique ? Lorsque Zoé entre dans la vie de Caroline, elle a l'air d'une petite fille tout à fait ordinaire... et pourtant ! Tout le monde ne peut pas voler et faire parler les chats !

778 L'île du vampire **Junior**

par Willis Hall

Rejeté à cause de ses ancêtres Dracula, les seuls amis du comte Alucard sont les loups de la forêt. Quand l'un d'eux est capturé, le comte improvise un sauvetage... qui se transforme en naufrage sur une île déserte !

767 Le quai des secrets **Senior**
par Brigitte Coppin
Bretagne, 1529. Un navire espagnol fait escale à Nantes et y laisse une femme, Leonora, et son fils, Jason. Leonora rencontre Jean, médecin, et ensemble ils ont une fille, Catherine. Un jour, Jason dérobe un miroir pour l'offrir à une jeune villageoise. Ce vol va entraîner la révélation de bien des secrets…

766 Le diable dans l'île **Senior**
par Christian de Montella
1604. Un navire espagnol accoste une île des Terres australes. Fils du commandant, Diego comprend la barbarie de cette conquête, et se joint au combat, mais du côté des indigènes. Commence alors une vie nouvelle, heureuse. Mais bientôt des incidents troublent le quotidien de l'île: les habitant sont persuadés que l'esprit du mal est parmi eux. Qui est donc le diable qui hante l'île?

765 Sans toit en Bosnie **Senior**
par Els de Groen
Dans les ruines d'un village bosniaque, la guerre rôde. Seule Antonia y habite. Son but: survivre, afin d'aider trois adolescents, réfugiés dans la montagne proche. Un jour elle recueille Aida, rescapée d'un convoi de prisonniers. La vie est-elle encore possible pour tous ces adolescents?

764 Le conquérant **Senior**
par Marguerite de Angeli
XVIIIe siècle: entre guerres et maladies, le malheur frappe de nombreuses familles en Angleterre. Robin n'a que dix ans lorsqu'il perd l'usage de ses jambes. Il parviendra à vivre avec son handicap,mais un autre défi l'attend: sauver le château.

759 Monsieur Labulle super magicien **Junior**
par Massimo Indrio
En pleine nuit, M. Labulle est réveillé par un bruit. Il découvre dans la cuisine une petite fille: Stella arrive de l'espace, elle est magicienne. Elle lui demande de l'accompagner dans une mission… explosive !

758 Monsieur Labulle super cosmonaute **Junior**
par Massimo Indrio
Lulu Tirebouchon est le meilleur ami de M. Labulle. Cet inventeur de génie vient de créer une fusée. M. Labulle accepte de tester l'engin : dans quelle drôle d'aventure s'est-il encore embarqué?

757 Monsieur Labulle super détective **Junior**
par Massimo Indrio
M. Labulle adore lire les aventures de Super Super. Quand il apprend l'enlèvement de l'oncle Rémi, il décide de prouver à son tour son courage. Attention ! Monsieur Labulle mène l'enquête…

756 Monsieur Labulle super pilote **Junior**
par Massimo Indrio
M. Labulle, dans la vie il faut travailler ! Oui, mais quel métier exercer ? Pâtissier ou peintre en bâtiment ? Pilote d'essai semble une meilleure idée… quelle course !

749 Khan, cheval des steppes **Senior**
par Federica de Cesco
Anga, jeune Mongole, sauve d'une meute de loups un magnifique poulain blanc. Anga et Khan deviennent inséparables. Mais le cheval est convoité par le chef de la tribu, puis réclamé par un prince : dans la Mongolie du XIIe siècle, Anga, fille de chasseur, pourra-t-elle garder son nouvel ami près d'elle ?

Cet
ouvrage,
le sept cent
trentième
de la collection
CASTOR POCHE,
a été achevé d'imprimer
sur les presses de l'imprimerie
Maury Eurolivres
Manchecourt - France
en février 2005

Dépôt légal : janvier 2000.
N° d'édition : 4660. Imprimé en France.
ISBN : 2-08-16-4660-9
ISSN : 0763-4544
Loi n° 49-956 du 16 juillet 1949
sur les publications destinées à la jeunesse